Reise ins BALTIKUM

Weltbild

»Rom des Nordens«, »Perle des Barock« oder »Stadt der Kirchen« – Vilnius, die Hauptstadt Litauens, hat viele Beinamen.

Inhaltsverzeichnis

Inhaltsverzeichnis

ZU DIESEM BUCH

Zwar gehören Estland, Lettland und Litauen schon seit dem Jahr 2004 zur Europäischen Union, dennoch sind die baltischen Länder noch immer ein eher unbekanntes Reiseziel in Europa. Dabei bieten die Staaten an der Ostsee so viele faszinierende Facetten, Naturschönheiten und kulturelle Highlights, dass eine Reise dorthin ganz oben auf der »Wo soll es hingehen«-Wunschliste stehen sollte.

Allein die endlose Küste fasziniert. Nimmt man die Küstenkilometer der drei Länder zusammen, so besitzt das Baltikum inklusive der vielen vorgelagerten Inseln eine Küstenlinie von mehr als 5000 Kilometern. Ein Riese namens Töll, so erzählt man sich, soll die Landschaften an der Ostsee einst geschaffen haben. Mit großen Findlingen hat er angeblich wie mit Murmeln gespielt, Sandstrände aufgeschüttet und Buchten geformt.

Neben der unendlichen Weite der Natur wissen die Städte des Baltikums zu begeistern. Da sind natürlich allen voran die drei quirligen Hauptstädte Tallinn, Riga und Vilnius mit ihren wunderschönen Altstädten, zahlreichen Kirchen und einer lebhaften Kulturszene. Aber auch an kleineren Orten wie Tartu oder Kaunas sollte man nicht vorüberfahren. Fortbewegen kann man sich im Baltikum übrigens in vielerlei Hinsicht. Mit dem Auto oder Wohnmobil genauso wie mit Zug, Bus, Fahrrad oder Kajak. Manche erleben die einmalige Landschaft auch auf dem Rücken eines Pferdes. Aber egal, wie man das Baltikum bereist, eines wird schnell offensichtlich: Hier ticken die Uhren ein wenig langsamer als im Rest Europas. Erholung ist also garantiert.

Hereinspaziert! Die Zwillingstürme des Viru-Tors in Tallinn heißen die Besucher in der Altstadt willkommen.

ESTLAND

»Nordic with a twist« heißt es oft über das dünn besiedelte, weitgehend flache und inselreiche Land am Knotenpunkt von Skandinavien, Mitteleuropa und den östlichen Staaten Europas. Nur knapp 1,3 Millionen Menschen leben in dem nördlichsten der drei baltischen Staaten. Seine Fläche entspricht etwa jener der Schweiz, aber gut die Hälfte der Bevölkerung konzentriert sich in der Hauptstadt Tallinn, dem einstigen Reval, mit seiner schönen Altstadt sowie in Tartu, der ältesten Stadt des Landes und aufgrund ihrer langen akademischen Tradition sein geistiges Zentrum. Lebensmittelpunkt der russischsprachigen Minderheit Estlands ist hingegen das Grenzstädtchen Narva, während das See- und Heilbad Pärmu sowohl durch seine Strände bezaubert als auch ein wichtiger Handelshafen ist. Aber die Esten lieben nicht nur das Meer, sondern auch ihre Wälder, die mehr als die Hälfte ihres Landes bedecken. Dafür sind sie wenig religiös: Obwohl es eine Fülle alter Kirchenbauten gibt, bekennen sich nur etwas mehr als zehn Prozent der Einwohner zum lutherischen bzw. orthodoxen Glauben. Zudem leben die Esten trotz aller Traditionen in einer bereits weitgehend digitalisierten Gesellschaft. Sie pflegen enge Beziehungen zum nahen Finnland und sind durch die Deutschbalten historisch auch mit Städten wie Lübeck, Bremen oder Berlin verbunden. So erinnert so manches der erhaltenen prächtigen Gutshäuser und Landschlösser in den Weiten Estlands noch an die deutsche Herrschaft.

Fischerhütten im Lahemaa-Nationalpark. Der größte Nationalpark Estlands erstreckt sich entlang der stark zerklüfteten Küste zwischen Tallinn und Narva.

TALLINN

Kostbare Kirchen und noble Patrizierhäuser, die wehrhafte Stadtmauer und das imposante Rathaus legen Zeugnis ab von der reichen Geschichte der estnischen Hauptstadt am Finnischen Meerbusen. Weil der historische Stadtkern von Tallinn als herausragendes Beispiel einer nordeuropäischen Handels- und Hafenstadt des Mittelalters gilt, zählt die Altstadt seit 1997 zum UNESCO-Weltkulturerbe. Die Ursprünge der Stadt führen zurück ins 12./13. Jahrhundert, als auf dem Domberg eine erste Kirche und eine Burg standen. Die Siedlung darunter entwickelte sich im Spätmittelalter zu einer führenden Hansestadt, deren Oberschicht sich hauptsächlich aus deutschstämmigen Kaufleuten zusammensetzte. Die Anlage der Altstadt mit ihren Plätzen, Straßen und verwinkelten Gassen erinnert bis heute an diese Blütezeit des Handels.

Besonders nachts strahlen die engen Gässchen von Tallinn eine romantische Atmosphäre aus. Das Viru-Tor (rechts) stammt aus dem 14. Jahrhundert.

TALLINN
ALTSTADT

Kopfsteingepflasterte Straßen schlängeln sich durch die Altstadt und enden auf mittelalterlichen Marktplätzen. Schmale Seitengänge führen zu manch verwunschenem Hinterhof, der im Sommer herrlich bepflanzt ist. Schmuck renovierte Giebelhäuser in Weiß und Creme stehen links und rechts, dazwischen gemauerte Speicher und Scheunen. Gut 80 Prozent der Bauwerke stammen noch original aus dem Mittelalter. Abends sorgen historische Straßenlaternen für eine besondere Stimmung. Bars, Restaurants und Boutiquen locken zum Bummeln und Verweilen. Zauberhaft sind im Sommer auch die »weißen Nächte«, wenn sich das Leben fast nur noch auf der Straße abspielt. Die alte, knapp zwei Kilometer lange Stadtmauer mit noch 26 stehenden Türmen schützt den Stadtkern.

In den verwunschenen Gassen von Tallinn trifft man auf pittoreske Häuserzeilen, Innenhöfe, Kirchen und auf so manches faszinierende Museum.

RESTAURANTS

Restoran Controvento
Beliebtes italienisches Restaurant inmitten der historischen Altstadtgassen. Sowohl

drinnen als auch draußen schöne Sitzplätze und die Küche ist auch zu empfehlen.
Vene 12 (Katariina käik), 10123 Tallinn
www.controvento.ee

Kaerajaan
Hier trifft die traditionelle estnische Küche auf moderne internationale Kochtrends. Die Kombination spiegelt sich auch in der Einrichtung wider – man sitzt auf historischen Stühlen, an der Decke hängen moderne Lampen.
Raekoja plats 17, 10146 Tallinn
www.kaerajaan.ee

Vanaema juures
Wie bei Großmutter isst man hier – das Essen ist preiswert und gut, der Gewölbekeller gemütlich.
Rataskaevu 10/12
www.vonkrahl.ee/vanaemajuures/

TALLINN
MARKTPLATZ & RATHAUS

Inmitten der Altstadt liegt der Rathausplatz, seit Jahrhunderten Marktplatz und beliebter Treffpunkt der Tallinner. Gesäumt von historischen Bürgerhäusern, wird er beherrscht vom gotischen Rathaus (1404), das noch heute einen Eindruck vom Stolz der Bürgerschaft vermittelt, aber auch von hanseatischer Zurückhaltung. Es herrscht kein Protz, sondern selbstbewusste Schlichtheit, gekrönt von einem markanten Turm. Hoch oben sitzt der »Alte Thomas«, Träger der Wetterfahne und Wahrzeichen der Stadt. In den Kellergewölben wird die Geschichte des Baudenkmals dokumentiert. Eine weitere Attraktion stellt die historische Ratsapotheke dar, die seit 1422 ununterbrochen in Betrieb ist und mit einer Schau von altertümlichen Heilmitteln begeistert. Eine recht verlässliche Empfehlung für gute Restaurants bietet der Gastronomiepreis »Silberlöffel«, den die Stadt alljährlich verleiht.

Markant ist der schmale, achteckige Turm des Rathauses; auf der Spitze thront eine Figur des Stadtknechts »Alter Thomas«.

RATSAPOTHEKE

Schon um 1422 wurden in der »Raeapteek« an der Ecke des Rathausplatzes Arzneien hergestellt – damit ist sie die wohl älteste noch in den Ursprungsräumen betriebene

Pharmazie Europas. Doch nicht nur Pflanzentees, Salben, Tinkturen und allerlei Öle gingen hier während der Jahrhunderte über die Tresen. Verkauft wurden u.a. auch Papier, Wachs, Salz, Tinte, Spielkarten, Schießpulver und Tabak. Der Renner waren allerdings lange Zeit das hausgemachte Marzipan und der Tallinner Klarett, ein süßer Gewürzwein. Beide werden bis heute produziert und Besucher können an entsprechenden Workshops teilnehmen. Von 1581 bis 1911 wurde die Raeapteek durchgängig von der ungarisch-stämmigen Familie Burchart geführt. 1907 wurde hier erstmals ein modernes Präparat für die Behandlung von Blutarmut hergestellt.

Raekoja plats 11, 10146 Tallinn
raeapteek.ee

TALLINN
HEILIG-GEIST-KIRCHE

Mit ihren schneeweißen Mauern, dem schmalen, achteckigen Turm und dem hölzernen Interieur ist die Heilig-Geist-Kirche einer der ältesten und prächtigsten Bauten in Tallinn. Sie wurde als Erweiterung der ursprünglichen Kapelle des Armen- und Siechenhauses errichtet und 1380 fertiggestellt; der Turm stammt aus dem 17. Jahrhundert. Seine Uhr misst bis heute die Zeit. Zu den Kostbarkeiten der Einrichtung zählen der Schrankaltar von Berndt Notke aus dem 15. Jahrhundert und die Kanzel aus dem Jahre 1597. Nach der Reformation wurden in der Heilig-Geist-Kirche die ersten Predigten auf Estnisch (und nicht mehr auf Deutsch) gehalten und der vom Pastor der Kirche, Johann Koell, 1535 veröffentlichte Katechismus gilt als erstes Buch in estnischer Sprache. Zudem besuchte der Rat der Stadt Tallinn vor seinen Sitzungen regelmäßig die Messe in der Heilig-Geist-Kirche.

Die optisch sehr ansprechende Heilig-Geist-Kirche gilt als eines der schönsten Gotteshäuser der Stadt.

KUMU

Bedeutungsvoll gleich in mehrfacher Hinsicht ist das 2006 eröffnete »Kunstimuuseum KUMU«. Scharfkantig, schmal und kurvig wurde das siebenstöckige Gebäude aus Kupfer, Glas und Kalkstein in eine bestehende Klippe integriert – und zwar dort, wo zu Zeiten Peters des Großen die Stadt endete. So stehen sowohl der Ort als auch die von dem finnischen Architekten Pekka Vapaavuori entworfene Hülle des KUMU für eine neue Ära. Zudem dokumentiert das Museum, das zu den größten und modernsten Nordeuropas zählt, mit seiner Sammlung die estnischen Varianten der wesentlichen europäischen Kunstepochen der Neuzeit. Die Werkpalette reicht dabei vom 18. Jahrhundert bis in die Gegenwart und schließt sowohl den Sozialistischen Realismus während der fünfzigjährigen sowjetischen Besetzung Estlands ein als auch Beispiele nonkonformistischer sowjetischer Kunst.

Oben und links: der moderne Bau des KUMU. Rechts oben: Estnisches Meeresmuseum. Rechts unten: Vabamu Museum.

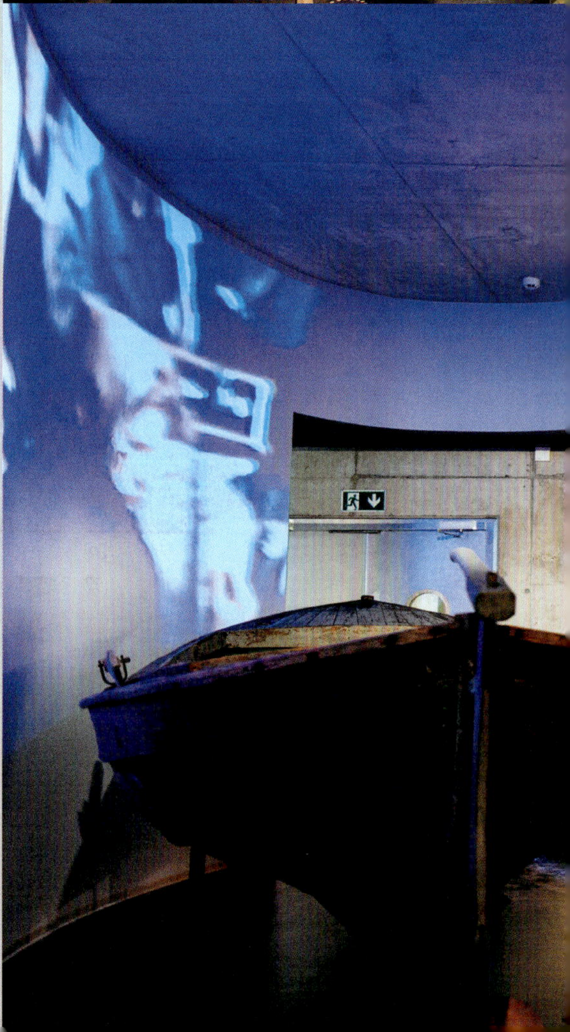

MUSEEN

Kadriorg-Park
Die Anlage rund um das Barockschloss umfasst neben dem KUMU-Museum eine Vielzahl kleinerer Museen, z. B. das Anton-

Hansen-Tammsaare-Museum über das Leben des Autors Tammsaare, das Eduard-Vilde-Museum über einen der beliebtesten Dichter Estlands sowie das Mikkel-Museum (Vasen und Porzellan).
www.kadriorupark.ee

Vabamu Museum
Das Okkupationsmuseum befasst sich mit der sowjetischen und nationalsozialistischen Besatzung des Landes in der Zeit von 1940 bis 1991.
www.vabamu.ee

Estnisches Meeresmuseum
Im historischen Wasserflugzeug-Hangar trifft man auf rund 200 Exponate rund um die estnische Seefahrt: ein U-Boot mit dem Namen »Lembit«, den 100 Jahre alten Eisbrecher »Suur Tõll«, das Wasserflugzeug »Short 184« und vieles mehr.
www.vabamu.ee

TALLINN
ALEXANDER-NEWSKI-KATHEDRALE

Mit ihrer rot-weißen Fassade und den fünf Zwiebeltürmen setzt die Alexander-Newski-Kathedrale einen prägnanten Akzent im Stadtbild. Zar Alexander III. befahl 1894, die Kirche auf einem Martin Luther gewidmeten Platz zu bauen. Nach der Unabhängigkeit von Russland sollten alle Erinnerungen an die Besatzer beseitigt und der prunkvolle Kuppelbau abgerissen werden. Doch dazu kam es nicht. Namensgeber der russisch-orthodoxen Kirche war der Fürst von Nowgorod, Alexander Yaroslavitz Newski, ein russischer Nationalheld, der in der Eisschlacht 1242 die deutschen Ordensritter geschlagen hatte. Läuten die elf Glocken, wird die ganze Stadt von dem Geläut erfüllt. Das Glockenensemble ist das kraftvollste aller Kirchen Tallinns; die schwerste Glocke wiegt 16 Tonnen.

Oben: Der Bau mit seinen Zwiebeltürmen dominiert den Schlossplatz. Rechts: der mit zahlreichen Ikonen geschmückte Altar.

TALLINN
LANGER HERMANN

Ursprünglich markierten vier Wehrtürme das mittelalterliche Castrum Danorum auf dem heutigen Domberg von Tallinn. Der erste wurde bereits 1220 errichtet – daher auch der lateinische Name der Burg. Der »Lange Hermann« an der südwestlichen Ecke der Burg ist der einzig erhaltene des Turm-Quartetts; erbaut wurde er um 1370. Seine jetzige Höhe (45,6 Meter) und Form erhielt er Ende des 15. Jahrhunderts. Zur Turmspitze führt eine schmale Steintreppe mit 215 Stufen. Die dort wehende estnische National- und Staatsflagge wurde erstmals am 12. Dezember 1918 und nach der sowjetischen Okkupation wieder am 24. Februar 1989 gehisst. Bis heute geschieht das täglich bei Sonnenaufgang. Jeden Tag bei Sonnenuntergang wird die Flagge wieder eingeholt.

Der »Lange Hermann« ist das Wahrzeichen Tallinns. Von seiner Aussichtsplattform genießt man ein schönes Panorama.

TALLINN
KADRIORG

Nachdem Zar Peter I. Estland seinem Reich einverleibt hatte, ließ er ab 1718 seine Sommerresidenz Katharinental (Kadriorg) mit Schloss und Park anlegen. Planer und Architekt des nordöstlich der Altstadt gelegenen, zum Finnischen Meerbusen ausgerichteten Ensembles war Nicola Michetti. Heute ist Kadriorg eine gehobene Wohngegend mit vielen aufwendig renovierten Holz- und Steingebäuden aus dem 19. und 20. Jahrhundert, Botschaftsdépendencen und diversen Museen – darunter auch jenes im ehemaligen kleinen Zaren-Wohnhaus und eines für den estnischen Kunstsammler Johannes Mikkel. Der estnische Staatspräsident hat in einem Palais des Schlossparks seinen Sitz; das Barockschloss selbst beherbergt inzwischen das estnische Museum für ausländische Kunst. In unmittelbarer Nähe der einstigen Zaren-Sommerfrische steht der Neubau des KUMU-Museums.

Die heutige Gestalt des Barockschlosses geht auf Umbauten des 18. Jahrhunderts zurück.

JÄGALA-WASSERFALL

Fast acht Meter hoch und mehr als fünfzig Meter breit ergießt sich Estlands größte natürliche Kaskade am Unterlauf des Jägala, etwa vier Kilometer vor der Mündung des Flusses in den Finnischen Meerbusen. Die Kalksteinklippe, über die der Jägala fließt, wird durch die Kraft seines Wassers jedes Jahr um etwa drei Zentimeter abgeschmirgelt. In vorchristlicher Zeit war die vor allem im Winter in ihrer vereisten Gestalt beeindruckende Kaskade vermutlich ein kultischer Ort. Um 1240 wird bereits eine Wassermühle erwähnt, die sich noch auf einer Karte von 1688 findet. Von 1917 bis kurz nach Ende des Zweiten Weltkriegs standen in der Nähe des Jägala-Falls ein Elektrizitätskraftwerk und eine Zellulose-Fabrik. Der russische Filmemacher Andrei Tarkowski wählte die mächtige Kaskade als eine Szenenkulisse für seinen Science-Fiction-Klassiker »Stalker«.

Durch die Kraft des Wassers ist eine rund 13 Meter tiefe Schlucht entstanden. An dem Wasserlauf kann man schön entlangwandern.

LAHEMAA-NATIONALPARK

Der im Jahr 1971 gegründete Lahemaa-Nationalpark an der estnischen Nordküste ist der größte und älteste Nationalpark des Landes. Seine verschiedenen Oberflächenformen spiegeln den Einfluss der letzten Eiszeit und des Meeres wider, zwei Drittel des Parks sind von Wasser bedeckt. Durch die ausgedehnten Fichtenwälder und Föhrenhaine streifen Braunbär, Luchs und der Europäische Nerz, über deren Köpfen kreisen Steinadler und Schwarzstorch. Hinzu kommen Elche, Wildschweine und Biber sowie mehr als 200 Vogelarten. In den Flüssen und Seen leben neben Lachsen und Meeresforellen auch die letzten estnischen Flussperlmuscheln. Einige hübsche, weit ins Meer reichende Halbinseln und Buchten geben dem Nationalpark übrigens seinen Namen: Lahemaa bedeutet nämlich so viel wie »Land der Buchten«.

Neben zahlreichen gefährdeten Tierarten fühlt sich auch der Biber im Lahemaa-Nationalpark wohl.

GUTSHÖFE IM LAHEMAA-NATIONALPARK

Gutshöfe und Herrenhäuser prägten einst zuhauf die Landschaften Estlands. Allein im 18. Jahrhundert zählte man mehr als tausend dieser »mois«. Heute sind noch etwa 400 erhalten. Etwa die Hälfte ist nach wie vor bewohnt oder wird touristisch genutzt, etwa als Hotel, Restaurant, Museum etc. So wie Palmse, das 1287 erstmals erwähnt wurde und damals als Nonnenkloster diente. 1697 ließen die neuen Besitzer im Herzen seines Parks das opulente, bis heute nahezu unveränderte Hauptgebäude errichten. Auch Sagadi mit seinem frühklassizistischen Herrenhaus lockt mit Gästezimmern sowie einem Waldmuseum. Beide Häuser liegen im Lahemaa-Nationalpark, ebenso wie der Gutshof Kolga. Im Mittelalter gehörte er dem Zisterzienserorden, 1581 schenkte der schwedische König ihn dem Heerführer Pontus de la Gardie, 1820 erhielt das Anwesen sein heutiges Gesicht.

Links oben: Gutshof Palmse; links unten: Gutshof Sagadi; oben: Gutshof Vihula; Bildleiste 1-3: Palmse; Bildleiste 4-5: Sagadi.

ÜBERNACHTEN IM GUTSHOF

Vihula Manor Country Club & Spa

Das Anwesen aus dem 16. Jahrhundert inmitten des Lahemaa-Nationalparks umfasst zwei Hauptgebäude und 25 weitere

historische Gebäude. Hier schläft man in romantisch eingerichteten Zimmern, ein jedes begeistert mit individuellen Highlights. Etwas ganz Besonderes sind das hölzerne Taubenhaus oder das alte Waschhaus am Mühlenteich.

Vihula Küla Haljala Vald, 45402 Vihula
www.vihulamanor.com

Sagadi Manor Hotel

Markenzeichen des rosaroten Gutshofes ist der markante Glockenturm. Das Hotel befindet sich in einem ehemaligen Stallgebäude. Die zahlreichen Nebengebäude bilden zusammen mit dem Garten und den Teichen ein barockes Gesamtkunstwerk.

Sagadi, 45403 Lääne-Viru maakond

KÄSMU

Bereits im Jahr 1453 erstmals schriftlich erwähnt, hat sich das Dorf am Westufer der gleichnamigen Halbinsel zur Mitte des 19. Jahrhunderts als beliebtes Ziel für Sommerfrischler, Künstler und Intelektuelle entwickelt. Ab 1884 trug die dortige neue Seefahrtsschule dem bei Deutschbalten wie Russen gleichermaßen beliebten Käsmu den Beinamen »Kapitänsdorf« ein, gab es doch nun fast in jeder Familie einen an dem neuen Institut ausgebildeten Schiffsführer. Auf Initiative der Marine-Schule wurde an der Spitze der Nehrung von Käsmu 1892 mit Spendengeldern ein hölzerner Leuchtturm errichtet. Heute ist er einer von nur zwei verbliebenen seiner Art in ganz Estland und als Teil des privaten Maritim-Museums von Käsmu zugänglich für jedermann. Für das Museum wurde auch ein Wikingerschiff rekonstruiert, das Platz bietet für gut ein Dutzend Personen.

Käsmu ist die kleinste der vier Halbinseln im Nationalpark Lahemaa. Die Küste ist übersät mit Findlingen (oben und rechts).

VIINISTU

Zwei Dutzend Familien estnischer, russischer, finnischer und schwedischer Herkunft lebten noch im Jahr 1643 einträchtig in dem seit dem Mittelalter verbrieften Fischerdorf am Finnischen Meerbusen. Ein estnisch-schwedischer Geschäftsmann setzte gut 350 Jahre später erneut ein Zeichen friedlichen Miteinanders: In einem einstigen Fischproduktions-Komplex richtete er ein Kunstmuseum ein vor allem mit Werken deutschbaltischer Maler des 19. Jahrhunderts, der Tartuer Künstlergruppe »Pallas« und neuerer estnischer Kunst. Zudem ließ der in Viinistu geborene Mäzen das Kesselhaus zu einem Konzertsaal ausbauen, gründete ein Sommertheater und bescherte der kleinen Küstengemeinde ein Hotel. Sein Restaurant serviert fast nur regionale Erzeugnisse. Nicht weit ist es von Viinistu auch zu der vorgelagerten Insel Mohn(i); der Nationalpark Lahemaa beginnt quasi vor der Tür.

Viinistu liegt auf der Halbinsel Päispea. Eine schöne Übernachtungsmöglichkeit bietet das Viinistu Hotel (oben).

FINDLINGE

Einem Mythos zufolge zeichnet der Riese Kalevipoeg verantwortlich für die vielen riesigen Gesteinsbrocken Estlands: er soll sie nach seinen Gegnern geworfen haben. Tatsächlich brachten die Gletscher der letzten Eiszeit die Findlinge von Skandinavien an die Strände und in die Wälder des baltischen Staates. Das größte Feld der erratischen Blöcke liegt etwa 75 Kilometer östlich von Tallinn, nahe des Kapitänsdorfs Käsmu. Die Findlinge dort sind bis zu sieben Meter hoch und haben Umfänge von mehr als 30 Metern. Auf immerhin rund 4,4 mal 29,5 Meter bringt es auch der Suurkivi von Pahkla. Wegen seines majestätischen Aussehens gilt er vielen als der König der skandinavischen »Immigranten«. Die Gutsherren von Pahkla, so heißt es, feierten und tanzten auf diesem zerklüfteten Stein. Sein Spalt birgt angeblich eine dabei verlorene goldene Uhr.

Der Alte Jüri, der mit 5,5 Metern höchste Findling auf Käsmu, befindet sich unweit der Spitze der Halbinsel (rechts).

PAIDE

Im Mittelalter markierte die mächtige, aus weißem Sandstein erbaute Burg von Paide den dänischen Machtbereich. Ihr von der späteren Zerstörung weitgehend verschonte Turm, der dreißig Meter hohe, achteckige »Lange Hermann«, ist heute das Wahrzeichen der Stadt. Ein weiterer berühmter Hermann Paides war aus Fleisch und Blut und als Kreisarzt tätig: der Großvater des Schriftstellers Hermann Hesse, Karl Hermann Hesse (1802–1896). Er liegt auf dem Friedhof Reopalu begraben; das Interieur der Apotheke, in die er seine Patienten einst schickte, ist im Stadtmuseum zu sehen. Auch einen berühmten Komponisten brachte Paide hervor: den Minimalisten Arvo Pärt (geb. 1935). Sein Geburtshaus steht an der Ecke Kitsas- und Väike-Aia-Straße. Das Arvo Pärt Centrum mit Kapelle und Aussichtsplattform wurde 2019 allerdings im 35 Kilometer westlich gelegenen Laulasmaa eröffnet – inmitten eines Kiefernwaldes. Sandstein ist ein wichtiger Faktor in der Natur- und Kulturgeschichte Estlands. Fast überall im Land gibt es Vorkommen und Bauwerke. Schon vor Jahrhunderten wurden Felder mit Sandsteinen begrenzt und Tote in Sandsteinsärgen bestattet. 1992 wurde schließlich die Estnische Sandsteinunion ins Leben gerufen und der 4. Mai zum landesweiten »Sandsteintag« erklärt. 1995 organisierte dann das Städtchen Paide seine ersten »Sandstein-Tage«. Seither schufen Künstler dort mehr als hundert Skulpturen. Die bekanntesten, »Limestone Symphony«, und »Source of Creation« stehen an der Geburtsstätte des Komponisten Avo Pärt.

Größte Attraktion von Paide ist der achteckige, bestens restaurierte Burgturm aus dem 13. Jahrhundert (großes Bild). Die Stierplastik von Bildhauer Tauno Kangro steht als neues Wahrzeichen auf dem Wallberg (kleines Bild).

RAKVERE

Stadt des Auerochsen« wird Rakvere auch genannt. Denn die zum 700. Stadt-Geburtstag von dem estnischen Bildhauer Tauno Kangro angefertigte Skulptur »Tavas«, die stark an eine Arbeit von Picasso erinnert, ist die größte plastische Tier-Darstellung im gesamten Baltikum. Noch älter und größer in dem nur 20 Kilometer vom Meer entfernten und nahe dem Lahemaa-Nationalpark gelegenen 17 000-Seelen-Städtchen ist nur die mächtige, verwinkelte Burganlage. Erbaut wurde sie nach dem Livländischen Krieg – aber schon im Jahr 1226 wurde erstmals ein hölzernes Schloss erwähnt, das auf einem Berg nahe der heutigen Siedlung Rakvere stand. Im Sommer dient die Burgruine inzwischen als Kulisse für Freilufttheater-Aufführungen. Ansonsten wird in den beiden Sälen des 1940 eröffneten Theatergebäudes gespielt – das Rakvere inzwischen zur wohl kleinsten europäischen Stadt mit einer eigenen Repertoire-Bühne macht.

Schon aus der Ferne ist die mächtige Ruine der Burg zu erblicken (großes Bild). Die Mauern, die heute noch stehen, stammen überwiegend aus dem 14. bis 16. Jahrhundert. Riesige Lampenschirme zieren den zentralen Marktplatz (kleines Bild).

NARVA

Am Ufer der Narva, dort wo die gleichnamige Stadt endet, enden auch Estland und die EU. Auf der anderen Seite des Flusses beginnt Russland. Aber schon jenseits der Brücke ist die Bevölkerung durch die Ansiedlungspolitik der Nachkriegszeit zu 90 Prozent russischstämmig. Narvas Bauwerke zeugen ebenfalls von der wechselvollen Geschichte der Stadt: Das Rathaus wurde während der schwedischen Herrschaft 1671 nach Plänen eines Lübecker Architekten im Stil des niederländischen Klassizismus erbaut; die neobyzantinische, russisch-orthodoxe Auferstehungskathedrale stammt wie die neuromanische, evangelisch-lutherische Alexanderkirche aus dem späten 19. Jahrhundert. Und die berühmte Hermannsfeste geht zurück auf die Zeit des Deutschen Ordens. In ihrem Hof steht das letzte Lenin-Denkmal des Baltikums; im Turm ist ein historisches Museum untergebracht.

Am Westufer der Narva steht die eindrucksvolle Narva-Burg. Abends ist sie stimmungsvoll beleuchtet.

KLOSTER PÜHTITSA

Estlands einziges noch bestehendes russisch-orthodoxes Nonnenkloster wurde zwischen 1892 und 1895 an der Stelle einer orthodoxen Kapelle aus dem 17. Jahrhundert erbaut. Schon zuvor soll dort jedoch, so die Legende, unter einer Eiche ein Ikone gefunden worden sein. Daher nannte man den Ort »pühitsetud« (geheiligt). Etwa hundert Nonnen und Novizinnen leben heute in dem Kloster von Kuremäe, etwa 25 Kilometer vom Nordufer des Peipussees entfernt. Die Klostergebäude, darunter auch eine Schule sowie das Gästehaus, wurden um eine Eiche erbaut, deren Stamm inzwischen einen Durchmesser von mehr als vier Metern hat. Sie gilt den Gläubigen ebenso als heilig wie das Wasser der einstigen Opferquelle der Esten. Die große Hauptkirche des Klosters mit ihren fünf Kuppeln wurde 1908 bis 1910 gebaut. Ihr Inneres zieren drei Altäre sowie eine prächtig geschnitzte Ikonostase und wertvolle Wandmalereien.

Das Kloster Pühtitsa kann im Rahmen von Führungen besichtigt werden.

TARTU

Älteste Stadt des Baltikums, zweitgrößte Siedlung Estlands – und die Wiege der estnischen Kultur: Tartu ist reich an Superlativen. Im 11. Jahrhundert gegründet und schon seit 1632 Sitz einer Universität, erschienen hier auch die ersten Zeitungen des Landes und 1865 wurde mit dem Vanemuine-Theater die erste estnischsprachige Bühne gegründet. Nicht zu Unrecht wird Tartu daher auch als intellektuelle Hauptstadt Estlands bezeichnet. Seit 1909 birgt Tartu auch das Estnische Nationalmuseum – sein neuer Hauptbau wurde 2016 eröffnet. Nur noch eine imposante Ruine ist der ab 1250 erbaute Dom. Zwischen den Architekturzeugnissen von Mittelalter bis Moderne pulsiert studentisches Leben. Street-Art schmückt die Fassaden; der Jugend Tartus ist sogar eine Brunnenskulptur gewidmet: Das sich unter einem Schirm küssende Paar steht auf dem Rathausplatz. Die Skulptur wurde 1998 enthüllt. Liebhaber von Kunstmuseen sollten sich das Städtische Kunstmuseum nicht entgehen lassen. Es beherbergt eine der renommiertesten Sammlungen des Landes mit Werken berühmter estnischer Künstler wie Elmar Kits, Ülo Sooster oder Marko Mäetamm. Sehenswert ist auch das Gebäude, das die Ausstellung beherbergt. Das »Schiefe Haus« macht seinem Namen alle Ehre.

Die Universitätsstadt Tartu liegt im Osten des Landes und breitet sich auf beiden Uferseiten des Flusses Emajõgi aus. Das gesamte Stadtgebiet ist von vielen Grünflächen durchbrochen.

TARTU
ALTSTADT

Als Juwel des Klassizismus galt Tartu einst; inzwischen ist der alte Glanz im Herzen der Stadt weitgehend wieder sichtbar. Am trapezförmigen, zum Fluss Emajõgi offenen Rathausplatz mit dem 1786 erbauten Sitz der Stadtverwaltung und dem ehemaligen Haus der Großen Gilde locken Straßencafés. Beliebt und belebt ist auch die parallel zum Flussufer verlaufende Fußgängerzone Rüütli mit ihren schönen Bauten des 18. und 19. Jahrhunderts. Als eindrucksvolles Zeugnis baltischer Backsteingotik reckt die Johanniskirche ihren Turm nahe des Botanischen Gartens in die Höhe. Unweit der Karlsbrücke steht am Rathausplatz Nr. 18 das »Schiefe Haus«. Da alle Altstadtbauten wegen des Torfuntergrunds auf Holzflößen errichtet wurden, neigte sich das Gebäude nach dem Sinken des Grundwasserspiegels des Emajõgi zur Seite. Inzwischen ist in ihm das Kunstmuseum Tartu untergebracht.

So leer wie auf diesem Bild ist die Altstadt von Tartu nur selten. An die 20 000 Studenten sorgen für ein lebhaftes Ambiente.

TARTU
RATHAUSPLATZ

Mittelpunkt von Tartu ist der zentral am Emajõgi gelegene Rathausplatz. Zahlreiche klassizistische Gebäude umrahmen ihn, in der Mitte zieht der »Brunnen der küssenden Studenten« aus dem Jahr 1998 alle Blicke auf sich. Das Paar, das sich unter einem Schirm innig küsst, ist mittlerweile zu einem beliebten Treffpunkt der Bevölkerung geworden. Das rosa gestrichene Rathaus aus dem 18. Jahrhundert steht zentral an der Stirnseite des Platzes. Das Gebäude, das vom damaligen Stadtbaumeister Johann Heinrich Bartholomäus Walter aus Rostock entworfen wurde, wird von einem markanten Turm geziert, dessen Glockenspiel dreimal täglich ertönt. Der rechte Flügel beherbergt seit 1922 eine Apotheke, im linken Flügel ist die Touristeninformation untergebracht. Das Rathaus ist übrigens schon der dritte Bau an dieser Stelle, die Vorgängerbauten fielen alle Bränden zum Opfer.

Oben und Bilder rechts: Der zentrale Rathausplatz wird von zahlreichen Cafés und Marktständen belebt.

TARTU
JOHANNIS-KIRCHE

Der mächtige gotische Backsteinturm der Johanniskirche von Tartu ist schon von Weitem zu sehen. Neben der Domkirche und der Universität ist das Gotteshaus das einzige Zeugnis einer Zeit, als Tartu noch eine reiche und bedeutende Handelsstadt war. 1944 im Zweiten Weltkrieg massiv zerstört, startete in den 1990er-Jahren ein komplettes Renovierungsprogramm. Seit 2005 erstrahlt die Kirche wieder in neuem Glanz. Berühmt ist die Johanniskirche insbesondere für ihre an die 1000 Terrakottafiguren aus dem 14. Jahrhundert, die das Innere des Kirchenraums schmücken. Die Figuren wurden aus massiven Tonblöcken angefertigt und sind in ihrer Art einzigartig. Einst sollen es sogar rund 2000 gewesen sein. Um die Figuren vor Wettereinflüssen zu schützen, sind an der Außenfassade in der Zwischenzeit nur noch Kopien zu sehen. Eine Besteigung des Turms ist möglich.

Eines der bemerkenswertesten Bauwerke Tartus ist die dreischiffige Johanniskirche aus dem 14. Jahrhundert.

TARTU
UNIVERSITÄT

Noch unter schwedischer Regentschaft 1632 als Academia Gustaviana gegründet, erhielt die Hochschule 1809 zur Wiedereröffnung als deutschsprachige Kaiserliche Universität zu Dorpat durch den russischen Zaren Alexander I. ihr heutiges Gesicht. Hinter der klassizistischen Fassade des Hauptgebäudes zwischen Flussufer und Domberg ist noch immer der historische Karzer erhalten; die Aula dient dank ihrer fantastischen Akustik inzwischen auch als Konzertsaal. Die Tartu Ülikooli ist bis heute die einzige Volluniversität Estlands. Ihre Lehrsprache war zunächst hauptsächlich Latein, danach auch Deutsch. Ab 1918 wurde hauptsächlich auf Estnisch gelehrt, in jüngster Zeit zudem auf Englisch. Der deutschbaltische Architekt des Hauptgebäudes, Johann Wilhelm Krause, verantwortete auch die Einrichtung der ehemaligen Universitätsbibliothek aus dem Jahr 1807.

Hauptgebäude der Universität – bis zum Jahr 1895 lehrte man hier in deutscher Sprache.

TARTU
DOMBERG

Seit dem 19. Jahrhundert eine ruhige Parkanlage, hat der Domberg (Toomemägi) jedoch eine bewegte Geschichte. Die Anhöhe am Fluss Emajõgi war wahrscheinlich seit frühester Zeit eine der größten Festungen der heidnischen Esten. Von ihrem Namen Tarbatu leitete sich sowohl der aktuelle Stadtname Tartu als auch das frühere Dorpat ab. 1224 zerstörten die christlichen Invasoren Livlands die Anlage und begannen kurz danach mit dem Bau einer Bischofsburg, dem Castrum Tarbatae. Sie wurde 1667 bei einem Feuer zerstört. An ihrer Stelle steht seit 1811 die Sternwarte. Archäologen legten zudem Teile der alten estnischen Festungswälle des Dombergs frei. Auch das alte Anatomikum der Universität ist noch erhalten. Ein Museum erzählt in den restaurierten Mauern heute sowohl von der religiösen wie wissenschaftlichen Vergangenheit des Dombergs.

Oben: Die historische Engelsbrücke verbindet die beiden Teile des Dombergs. Rechts: Ruine der Domkirche.

AUSGEHEN IN TARTU

Studententage, Film- und Street-Art-Festivals, Konzerte, Theater, Bars, Clubs, Restaurants und Kneipen – wie es sich für eine traditionelle Studentenhochburg gehört, ist

die Palette an Ausgehmöglichkeiten in Tartu breit gefächert. Sicher die berühmteste Adresse ist der Püssirohukelder (siehe Bild). Bis 1808 wurde das hohe Ziegelgewölbe am Domberg tatsächlich als Schießpulverkeller genutzt. Ein beliebtes Viertel nicht nur für Suppenliebhaber ist neben dem Altstadtareal auch Suppilin nördlich des Rathausplatzes. Gleiches gilt für Karlova südlich davon. In beiden herrscht eine besondere Atmosphäre – was sicher auch ihrer Bauweise geschuldet ist. Denn fast nur schöne alte Holzhäuser schmücken hier die Straßen. Im Antoniushof waren schon im Mittelalter kreative Köpfe zuhause. Heute sind es Designer oder Töpfer. Und die Bühne im Innenhof wird im Sommer regelmäßig bespielt.

pyss.ee

SCHLOSS ALATSKIVI

Schloss Balmoral in Schottland diente als Vorbild für dieses prächtige Gutshaus an der Ostgrenze Estlands. Sein Eigentümer, der Deutschbalte Baron Arved Georg von Nolcken, war ein Bewunderer der englischen Lebensart und ließ 1880, nach einer Großbritannien-Reise, den Grundstein für das Herrenhaus auf seinen estnischen Ländereien legen. Das inzwischen restaurierte Gebäude umgibt ein gut 120 Hektar großer Park mit mehreren Seen – und das Ufer des Peipus-Sees ist nur drei Kilometer entfernt. Schloss Alatskivi birgt heute ein Boutiquehotel mit nur vier Suiten, ein Restaurant sowie ein kleines Museum zu Ehren des bekannten estnischen Komponisten Eduard Tubina und anderer Musiker der sogenannten Schule von Tartu. Regelmäßig dient das Schloss auch als Kulisse für Konzerte. Sein baulicher Vorgänger wurde schon 1601 erstmals erwähnt.

Mehr Schloss als Gutshaus – durch die Türmchen und Erker macht das Anwesen einen sehr herrschaftlichen Eindruck.

TSA-679

PEIPUS-SEE

Wie ein kleines Meer wirkt dieses halb zu Estland, halb zu Russland gehörende Gewässer. Mit seinen mehr als 3500 Quadratkilometern ist es der fünftgrößte See Europas: fast achtmal größer als der Bodensee. Am Nordufer des größten Seeteils, auf Estnisch »Peipsi järv« oder »Suurjärv« genannt, liegen kilometerlange Sandstrände, gesäumt von knorrigen, windgebeugten Kiefernwäldern. In den dortigen Dünen entsteht auch der berühmte »singende Sand«. Das Westufer säumt ein weiter Schilfgürtel, gelegentlich unterbrochen von steilen roten Sandkliffs. In einigen der historischen Dörfer am Ufer, vor allem zwischen Kolkja und dem Sumpfgebiet an der Mündung des Emajõe, sieht man noch Zwiebelfelder und Zwiebelverkaufsstände vor den Häusern. Früher versorgten die scharfen Knollen aus den Gärten am Peipsi-Pihkva järv das Gebiet zwischen Riga, Helsinki und St. Petersburg.

Der Peipus-See ist so unendlich groß, dass man meint, an einem Meeresufer zu stehen.

ALTGLÄUBIGEN-DÖRFER

Einst waren es mehr als zwei Dutzend, das Gros davon am Westufer des Peipus-Sees. Ihre ersten Siedler kamen im 17. Jahrhundert: als religiöse Flüchtlinge, die sich den Reformen des russischen Patriarchen widersetzten und an den alten orthodoxen Glaubensregeln festhielten. Sie bauten ihre Dörfer parallel zum Seeufer; die wichtigsten waren Kasepää, Kallaste, Mustvee, Varnja, Kolkja sowie Piiriküla auf der Insel Piirisaar. In Kolkja, Varnja und Mustvee beleuchten seit der neuerlichen Unabhängigkeit Estlands kleine Museen die Lebensweise und das Brauchtum der Altgläubigen. Neuere Bethäuser und einige Zwiebelturmkapellen zeugen ebenfalls von der – allerdings zunehmend schwindenden Präsenz – dieser auch in Tallinn und bei Narva lebenden religiösen Minderheit.

Links: Historische Holzkapelle in Mustvee am Peipus-See. Oben: Zwiebelverkaufsstand. Rechts: Museum in Kolkja, das viel Wissenswertes rund um die Kultur der Altgläubigen vermittelt.

AHJA

Kiefernwälder und mächtige Sandsteinaufschlüsse säumen vielerorts die Ufer des Ahja-Flusses im Südosten Estlands. Reich an Fischsorten und Pflanzenarten wie kaum ein zweites Fließgewässer des Landes, lädt die Ahja vor allem in der nahezu unberührten Natur ihres unter Landschaftsschutz stehenden, gut 20 Kilometer langen Urstromtals zwischen Koorvere und Valgesoo zu gemächlichen Kanufahrten ein. Insgesamt knapp 100 Kilometer legt die im Unterlauf schiffbare Ahja in zahlreichen Mäandern vom Erastvere-See zurück, bis sie in den Ema-Fluss mündet, welcher sich wiederum bald in den riesigen, dreigeteilten Peipus-See ergießt.

Wer die Ahja mit dem Kanu erkundet, trifft auf eine wunderschöne, ursprüngliche Landschaft. Ruhe und Einsamkeit – hier findet man sie.

GROSSE UND KLEINE HIMMELSHALLE

»Wo der Himmel die Erde berührt« steht auf Estnisch an der hölzernen, dreieckigen Bushaltestelle Taevaskoja. Einige Kilometer weiter hat sich der Ahja-Fluss malerisch in die Landschaft eingekerbt und dabei zahlreiche Sandsteinbänke und Höhlen ausgespült. Zu den bekanntesten von ihnen zählen die beiden »Himmelshallen«. In dem bis zu 13 Meter aufragenden, rund 190 Meter langen Sandsteinaufschluss »Kleine Himmelshalle« öffnet sich die Neitsikoobas (Mädchenhöhle), eine Felsgrotte mit Quelle. Noch gut zehn Meter höher als die Väike-Taevaskoja ist die Suur-Taevaskoja, die »Große Himmelshalle«. Sie ist der höchste der rötlich gefärbten Uferfelsen des Ahja-Urstromtal-Gebiets im Põlvamaa-Kreis und zählt zu den eindrucksvollsten Naturdenkmälern ganz Estlands. Am Ufer verläuft ein Wanderweg und im Sommer lockt das kühle Flusswasser natürlich zu einem erfrischenden Sprung in die Fluten.

Zahlreiche Legenden und Sagen ranken sich um die beiden Höhlen.

KARULA-NATIONALPARK

Das Hochland Karula stellt eine fünf bis acht Kilometer breite Hügellandschaft dar. Die höchste Spitze des Hochlandes ist der Rebasejärve Tornimägi mit 137,80 Metern. Zudem gibt es 60 Seen zu entdecken. Im Nationalpark Karula liegt die hügelige Landschaft von Kaika und in der Umgebung des Sees Koobassaare, und am nördlichen Ufer des Sees Ähijärv kann man Schmelzmulden von Eisschollen sehen. Insgesamt ist die idyllische Landschaft von Sümpfen, Wäldern und Seen geprägt. Zwar geht der Name des Nationalparks auf das estnische Wort »karu« (dt. Bär) zurück, allerdings trifft man auf diesen hier nicht, sondern auf Hirsche, Elche, Wildschweine, Wölfe, Luchse und Biber. Insgesamt führen vier Lehrpfade durch den Nationalpark, auf der höchsten Erhebung, dem Tornimägi, stößt man auf einen Aussichtsturm. Wenige Bauern betreiben auf kleinen Höfen Landwirtschaft.

Oben: weiße Buschwindröschen; rechts oben: Der Kaussjärv ist nur einer von vielen Seen im Nationalpark.

HAANJA-NATURPARK

Dörfer und Wälder, Felder und Moorgebiete wechseln sich ab in dem rund 17 000 Hektar großen Park. Er erstreckt sich auf dem höchstgelegenen – und regenreichsten – Gebiet Estlands; mit Erhebungen, deren höchste, der Suur Munamägi (Großer Eierberg), immerhin gut 300 Meter himmelwärts ragt. Etwa 60 Seen prägen zudem das Bild der Haanja-Hochebene; viele Wasserläufe haben in der Region ihre Quellen. Welche Kräfte Wasser und Wind im Lauf der Zeit auf die Landschaft ausüben können, veranschaulicht bestens der Hinni Canyon: Rund 300 Meter lang und bis zu 20 Meter tief ist dieses in Estland einzigartige Kerbtal, welches sich in den Sandstein geschnitten hat. Für Wanderer, Angler, Radfahrer und Reiter ist der Haanja-Naturpark ein wahres Paradies. Und wenn Schnee liegt auf den Hügeln auch für Skifahrer und Langläufer. Es gibt sogar Schlepplifte – etwa in Otepää.

Oben: Aussichtsturm auf dem Suur Munamägi. Rechts unten: Der Naturpark bietet ein einmaliges Landschaftserlebnis.

SUUR MUNAMÄGI

Die Esten sind stolz auf ihren Suur Munamägi, denn der 318 Meter hohe Berg ist die höchste Erhebung des gesamten Baltikums. Der Berg, der übersetzt »Eierberg« heißt,

weckt bei manchen Alpinisten zwar nur ein müdes Lächeln, dennoch lohnt sich der Aufstieg, steht auf seinem höchsten Punkt doch ein Aussichtsturm, von dessen Plattform sich ein schönes Panorama auf die umliegende Landschaft eröffnet. Bevor es hinaufgeht, kann man sich am Fuße des Berges in einem Café stärken.

suurmuna.ee

SOOMAA-NATIONALPARK

Estland bietet eine überwiegend weite, flache, unaufgeregte Landschaft – und so dürfte die Sumpflandschaft von Soomaa die typischste estnische Region überhaupt darstellen. Vier große Moore gibt es hier, die von großflächigen Sümpfen, Seen, Auen und Wäldern eingefasst sind und einmal im Jahr, immer nach der Schneeschmelze, nahezu vollständig überflutet werden. Die Metamorphose der Landschaft ist so erstaunlich, dass sie die Esten »die fünfte Jahreszeit« getauft haben. Hunderte von Quadratkilometern verschwinden dann unter meterhohen Wassermassen, die wochenlang nicht abfließen. In dieser Zeit kommt man praktisch nur mit einem Kanu, Kajak oder dem sogenannten Einbaumboot voran. Während man ruhig über das Wasser gleitet, sieht man Tiere und Vögel, die sich sonst in der Tiefe des Waldes oder in den Bäumen am Fluss verbergen.

Der Nationalpark ist für seine riesigen Sümpfe und Moore bekannt. 524 Pflanzen- und 172 Vogelarten sind hier zuhause.

BERNSTEIN

Bis zu 50 Millionen Jahre alt ist das »Gold des Nordens« und spätestens seit der Antike als Schmuckstein begehrt. Denn das versteinerte Baumharz liegt warm auf der Haut und birgt zudem häufig prächtige Inklusen, also Pflanzenteile oder Kleinstlebewesen. Woher der Bernstein genau stammt, wo der legendäre Bernsteinwald stand und ob es den Bernsteinfluss Fridanus tatsächlich gegeben hat, ist bis heute ungeklärt. Die größte Lagerstätte befindet sich aber im Baltischen Meer. Die Farbtöne des Natur-Bernsteins reichen von Honiggelb über Rot und Braun bis hin zum seltenen Weiß, Blau oder Schwarz. Er kann undurchsichtig bis glasklar sein – daher wurden früher sogar Brillengläser aus ihm gefertigt. Und natürlich das legendäre Bernsteinzimmer, welches Preußenkönig Friedrich Wilhelm I. Anfang des 18. Jahrhunderts dem russischen Zaren schenkte.

Ein spezielles Sammlerinteresse bilden die sogenannten Inklusen – im Bernstein eingeschlossene Insekten oder Pflanzen.

PÄRNU

Von seiner Ausdehnung fast so groß wie Berlin, gesegnet mit mildem Meeresklima, Heilschlamm und kilometerlangem Sandstrand, gilt Pärnu seit dem 19. Jahrhundert als die Sommerhauptstadt Estlands schlechthin. Ortsgründer war 1251 der Deutsche Orden; später gehörte Pärnu – als wichtiger eisfreier Hafen – zur Hanse und war gut ein Jahrzehnt (bis 1710) Sitz von Estlands ältester Universität. Die erste Badeanstalt eröffnete 1838. Auf dem Gelände des einstigen Festungsrings entstanden bald erste Grünzonen und Pärnu entwickelte sich zum beliebten Heil- und Seebad. Auch nach 1920 florierte der Kurbetrieb weiter. Der Komponist Dimitri Schostakowitsch (1906–1975) zählte zu den internationalen Gästen Pärnus ebenso wie der Geiger Dawid Oistrach (1908–1974). Letzterer kam fast zwanzig Sommer lang, bis kurz vor seinem Tod. Er veranstaltete auch Konzerte in seiner Datscha.

Das schmucke Pärnu ist insbesondere in den Sommermonaten ein beliebter Ferienort für Einheimische und Touristen.

PÄRNU ALTSTADT

Typische Holzhäuser, Jugendstilbauten wie die prächtige Villa Ammende, der spätmittelalterliche Rote Turm und das barocke Tallinner Tor, Estlands einziges erhaltenes Walltor: Der historische Kern von Pärnu birgt eine Fülle architektonischer Facetten. Auch die prunkvolle, auf Geheiß von Zarin Katharina erbaute und nach ihr benannte orthodoxe Kirche bezaubert im Stadtbild. Gleiches gilt für die 1750 eingeweihte Elisabeth-Kirche. Beide liegen unweit der Rüütli, jener Hauptader der Altstadt, die heute als Fußgängerzone zum Kurviertel führt. Zum Flussufer hingegen orientiert sich die moderne Konzerthalle. Hinter ihrer großzügigen Glasfassade erklingen unter anderem jeden Sommer im Rahmen des 2011 von Paavo und Neeme Järvi gegründeten »Pärnu Musikfestivals« eine Woche lang die Melodien berühmter estnischer und internationaler Komponisten.

Kleine Geschäfte in hübschen Häuschen reihen sich in der Rüütli, der Haupteinkaufsstraße, aneinander.

PÄRNU STRAND-PROMENADE

Natürlich lebt Pärnu neben seiner schönen Altstadt und den vielen Kur- und Heilanstalten insbesondere von seinem schönen, bis zu 100 Meter breiten Sandstrand, der sich kilometerlang vor den Toren der Stadt an der Küste entlangzieht. Da das Meer hier relativ flach ist, werden schon früh im Jahr angenehme Wassertemperaturen erreicht. Auf langen Holzstegen kann man am Strand entlang des Meeres wandern, immer wieder laden Bänke, Spielplätze und Fußballtore zu Stelldicheins am Meer ein. Seit der Entdeckung des Heilschlamms im 18. Jahrhundert haben viele Kur- und Badeanstalten direkt am Strand ihr Domizil aufgeschlagen, so zum Beispiel die historische Schlammbadeanstalt. Für Entspannung im Grünen sorgt der 1882 angelegte Rannapark mit altem Baumbestand und modernen Skulpturen. Hier befindet sich auch das Rannahotell, das äußerlich an ein Schiff erinnert.

Wer vom Salzwasser genug hat, kann sich direkt am Strand in den Süßwasserfontänen des dortigen Brunnens vergnügen.

VILLA AMMENDE

An der Pärnuer Bucht im Rigaischen Meerbusen lockt das historische Kurviertel zu einem Spaziergang – ein ruhiges Villenviertel mit Alleen und Parks und

einigen schönen Holzvillen. Eine davon ist die Villa Ammende, die heute ein luxuriöses Hotel sowie ein Restaurant beherbergt. 1905 errichtet, zählt die Jugendstilvilla zu den am vollständigst erhaltenen Bauwerken ihrer Zeit in Estland. Im Inneren beeindrucken Wandmalereien und Originalmöbel (Bilder links), außen der schöne parkähnliche Garten.

ammende.ee

HAAPSALU

Das »echte Bullerbü«, so heißt es oft über Haapsalu. Tatsächlich wuchs die Illustratorin von Astrid Lindgrens Kinderbuchreihe, Ilon Wiklan (geb. 1930), in dem schon im 18. Jahrhundert beim russischen Adel beliebten Kurstädtchen auf. Das Ilon Wikland Museum (in dem auch das Zimmer von »Karlsson vom Dach« nachgestellt wurde) erinnert an sie. Hauptattraktion Haapsalus ist jedoch sein mittelalterlicher Kern mit der Bischofsburg und der Burgkirche. Über die Promenade des kleinen »Venedigs der Ostsee«, wie Haapsalu auch genannt wird, geht es dann zu den Jugendstilvillen und reich mit Schnitzereien verzierten Holzhäusern des Kurviertels am Ende der Promenade – sogar der Zar logierte hier. Filigrane Zier aus Wolle zählt ebenfalls zu Haapsalus Traditionen: So fein gestrickt sind die seit dem 19. Jahrhundert gefertigten Schals, dass sie durch einen Fingerring passen.

Oben: Historische Jugendstilvilla an der Promenade. Rechts: Ruine der imposanten Bischofsburg.

HAAPSALU
BISCHOFSBURG

Im späten 13. Jahrhundert als eines der Zentren des Bistums Saare-Lääne (Ösel-Wiek) auf einer künstlichen Anhöhe erbaut und später immer weiter verstärkt, wurde Haapsalus Burg- und Domkomplex nach Feuerschäden im 19. Jahrhundert in eine romantische Parkanlage umgewandelt. Seit Kurzem birgt die Hauptburg ein Mittelalter-Museum – und im Wallgraben lockt schon länger ein Kinderpark mit mittelalterlich inspirierten Attraktionen. Innerhalb der Wehranlage befindet sich die noch gut erhaltene Domkirche. Sie ist mit ihren 425 Quadratmetern die größte einschiffige Hallenkirche Nordeuropas. Besonders beeindruckend ist das imposante Gewölbe. Um den Bau rankt sich die Legende von der Weißen Dame: In August-Vollmondnächten soll der Schatten einer jungen Frau auf dem Gemäuer erscheinen. Haapsalu feiert diese »Zeit der Weißen Dame« ausgelassen – unter anderem mit Musik und Freilichtaufführungen.

Obwohl nur noch Teile der Bischofsburg erhalten sind, kann man die gewaltigen Ausmaße der Anlage heute noch erahnen. Einen schönen Überblick über das Gelände hat man vom mächtigen Wehrturm, den man besteigen kann.

HAAPSALU
MUSEEN

Bereits 1870 wurde vom damaligen Hafen Baltischport (heute: Paldiski) eine erste Eisenbahnstrecke über Tallinn bis nach St. Petersburg eröffnet. Das Streckennetz der damals zum Russischen Reich gehörenden Region wuchs rasch und in Erwartung des Zarenbesuchs baute man im Kurort Haapsalu 1907 sogar einen wahrhaft herrschaftlichen Bahnhof. Sein 216 Meter langer Bahnsteig galt damals als der längste überdachte Bahnsteig in ganz Europa. Im Jahr 1995 wurde der Streckenabschnitt Riisipere – Haapsalu allerdings für den Personenverkehr geschlossen. Auf den im Bahnhofsareal verbliebenen Gleisen stehen heute historische Lokomotiven und Waggons – und in einem Teil des Stationsgebäudes, das inzwischen häufig als Filmkulisse dient, ist das Raudteemuuseum untergebracht: eine kleine Sammlung zur Eisenbahngeschichte der Region sowie zur Geschichte der Telekommunikation. Wer weiter in Haapsalu auf Museumstour gehen möchte, kann das Museum Ilons Wunderland besichtigen. Die 1930 geborene estnisch-schwedische Künstlerin Ilon Wikland (Iloni Imedeema) machte sich als Illustratorin von Astrid Lindgrens Kinderbüchern einen Namen. Die meisten Bücher der berühmten Kinderbuchautorin wurden von ihr illustriert, darunter »Pippi Langstrumpf«, »Mio mein Mio« oder »Karlsson vom Dach«. Bei dem ein oder anderen Bild soll sie auch von Haapsalu inspiriert worden sein, denn hier verbrachte sie während ihrer Kindheit mehrere Sommer. Auch das Museum der Küstenschweden ist sehenswert.

Oben, großes Bild: Rot-gelb gestrichene Holzsäulen schmücken den historischen Bahnsteig von Haapsalu. Kleines Bild: Das Museum Ilons Wunderland hat sich ganz den Illustrationen von Ilon Wikland (Iloni Imedeema) verschrieben.

SAAREMAA

Mit ihren 2700 Quadratkilometern ist Saaremaa die größte Insel Estlands. Die über 1000 Kilometer lange Küste ist auffallend zerfranst und gliedert sich in zahlreiche Halbinseln und Buchten. Als längste Landzunge schiebt sich Sõrve im Südwesten fast 30 Kilometer weit in den Rigaischen Meerbusen. An ihrem Ende erhebt sich ein eindrucksvoller Leuchtturm. Nicht minder imposant zeigt sich die Bischofsburg im Hauptort Kuressaare, die der Deutsche Orden 1380 als Residenz des Bischofs von Ösel-Wiek errichtete. Im 19. Jahrhundert sorgte Kuressaare als Kur- und Badeort für Furore, bereits 1840 öffnete hier die erste Schlammheilstätte. 20 Kilometer nordöstlich der Stadt befindet sich eine beeindruckende Natursehenswürdigkeit – hier schlug vor rund 4000 Jahren ein Meteorit ein, der den 16 Meter tiefen Krater von Kaali mit seinen acht Nebenkratern schuf.

Kilometerlange Strände prägen Saaremaa (oben). Dazwischen gibt es aber auch Steilküste wie bei Panga (rechts).

SAAREMAA
VILSANDI-NATIONALPARK

Im Jahr 1973 gegründet, erstreckt sich der Nationalpark Vilsandi über die gesamte Westküste Saaremaas und schließt auch 100 vorgelagerte Inseln mit ein. Hier finden die artenreiche Vogelwelt und zahlreiche seltene Pflanzen ein geschütztes Areal. Das Vogelschutzgebiet besteht schon seit 1910 und ist damit eines der ältesten Schutzgebiete Osteuropas. Auf verschiedenen Lehrpfaden kann man den Park erkunden, auch mit dem Fahrrad oder Boot ist eine Besichtigung möglich – jedoch alles nur im Rahmen einer Führung. Das Besucherzentrum des Nationalparks liegt ca. 40 Kilometer westlich von Kuressaare in einem Gutshof aus dem 16. Jahrhundert. Eine Dauerausstellung informiert über Geschichte und Besonderheiten des Parks. Unter Voranmeldung kann man hier auch Vogel- und Kegelrobbenbeobachtungen sowie Orchideenwandertage buchen.

Allein auf der Insel Vilsandi leben Zehntausende Vögel, darunter Wildgans, Eiderente und verschiedene Möwenarten.

BURG VON KURESSAARE

Aus dem Bischofssitz des 14. Jahrhunderts auf Estlands größter Insel Saaremaa erwuchs im Laufe der Zeit eines der eindrucksvollsten befestigten Gebäude Nordeuropas. Es ist die wichtigste Sehenswürdigkeit von Kuressaare und über die Grenzen Estlands hinaus bekannt. Der spätgotische Festungsbau entstand rund um das Jahr 1381. Bereits 1865 wurde die einstige Bastion im historischen Kurort zum Museum umgewandelt. Heute birgt sie umfängliche Sammlungen zur Geschichte und Landschaft von Saaremaa sowie Handwerksateliers, in denen auch Besucher aktiv werden können. Zudem bildet die Burg regelmäßig die Kulisse für zeitgenössische Ausstellungen, Konzerte, Theateraufführungen und andere Events, darunter auch das mittelalterliche »Bischofsdinner« mit Live-Musik, Kerzenschimmer, hausgebrautem Bier und Speisen nach uralten Rezepten.

Zwei mächtige Türme dominieren die Bischofsburg. Im Inneren befinden sich ein sehenswerter Kreuzgang und eine Kapelle.

HIIUMAA

Der Legende nach lebte hier einst der Riese Leiger mit seiner Frau Tiiu. Daher stammt wohl auch der Name dieser Insel: Hiiumaa. »Hiid« ist das estnische Wort für Riese, »maa« bedeutet Land. Das Land der Riesen. Findlinge aus der letzten Eiszeit liegen überall verstreut, schmelzende Gletscher haben sie zum Vorschein gebracht. Uralte Sagen ranken sich um sie, auch um die ersten schwedischen Siedler, die mit ihrer hünenhaften Größe den estnischen Bewohnern wie Riesen erschienen. Ein gewaltiger Knall hatte das Eiland überhaupt erst entstehen lassen – als ein Meteorit einschlug. Das ist etwa 500 Millionen Jahre her, heute steht die Hauptstadt Kärdla an seinem Kraterrand. Weniger als 4000 Einwohner zählt der Ort, der mit seinen kleinen Holzhäusern und Gärten ziemlich verschlafen wirkt. Die Küste ist felsig, einsam und still. Möwen kreischen, und auch Schwäne, Kraniche und Enten können Gäste hier beobachten.

Hiiumaa ist mit ihren rund 965 Quadratkilometern die zweitgrößte Insel Estlands.

LETTLAND

Sein großes Ausmaß an wilder Natur macht Lettland zu einem der grünsten Länder der Welt – und es wählte auch das erste grüne Staatsoberhaupt Europas. In den historisch geprägten Städten des mittleren der drei baltischen Staaten trifft hanseatische Architektur häufig auf Gotik, Barock und Jugendstil. Die Metropole Riga gilt als Perle des Baltikums und zählt inzwischen zum Welterbe der UNESCO; der eindrucksvolle Palast in Jelgava ist das größte Barockschloss der Region, geplant von jenem italienischen Baumeister, der auch Schloss Rundāle und den Winterpalast in Sankt Petersburg entwarf. Typisch für das waldreiche Land sind auch die von weiten Ländereien und Parks umgebenen Gutshöfe, eine Fülle von Burgen und beeindruckende Flusslandschaften mit steilen, oft ausgehöhlten Uferwänden. So gilt etwa das Urstromtal der Abava innerhalb des Nationalparks Gauja vielen als die Schweiz von Kurland. Die 500 Kilometer langen weißen Sandstrände bezauberten schon im 19. Jahrhundert viele Sommerfrischler; allein nahe Riga reihen sich die historischen Badeorte mit ihren hölzernen Villen auf einem Küstenabschnitt mehr als vierzig Kilometer aneinander. In der Lagunenlandschaft des Engure-Sees hingegen stehen sogar Kühe im Wasser. Und die Spitze der Halbinsel, Kap Kolka im Nationalpark Slītere, ist vor allem im Frühling ein Paradies für Vogelbeobachter.

Bitte eintreten – das prächtige Schloss Rundāle aus dem 18. Jahrhundert ist nur eines der vielen Highlights von Lettland.

RIGA

Vor 800 Jahren wurde Riga als verkehrsgünstig gelegene Kaufmannsniederlassung gegründet. Heute wartet die lettische Hauptstadt mit zahlreichen historischen Bauwerken und schönen Parklandschaften auf. Riga liegt an der Mündung der Düna in die Ostsee und ist nach mehreren Jahrhunderten der Fremdherrschaft seit 1918 die Hauptstadt Lettlands. Mit über 700 000 Einwohnern und einer breit gefächerten Industrie, mehreren Universitäten und Hochschulen ist sie auch die größte und bedeutendste Stadt des Landes. Am rechten Ufer der Düna erhebt sich die Altstadt und am linken die im 19. Jahrhundert entstandene Neustadt. Beide Stadtteile sind reich an bedeutenden Baudenkmälern aus verschiedenen Stilepochen. Während in der Altstadt Renaissance und Barock überwiegen, kann man in der Neustadt eine außergewöhnliche Dichte an einmaligen Zeugnissen des Jugendstils entdecken.

Riga zählt zu den kosmopolitischsten Städten des Baltikums.

RIGA
ALTSTADT

Nur etwa einen Quadratkilometer ist Rigas Altstadt groß, ein kleines und kompaktes Areal, auf dem sich die Sehenswürdigkeiten geradezu ballen: Rathaus, Katzenhaus, Große und Kleine Gilde, Pulverturm, Petrikirche und viele geschichtsträchtige Bauten mehr. Doch wer nur im Eiltempo die historischen Gebäude abhakt, wird das bunte Flair der Stadt nicht erleben. Bei Sonnenschein locken Straßencafés mit Kringels, dem traditionellen süßen Mandelgebäck. Die Bewohner Rigas rauschen vorbei, immer geschäftig und schick gekleidet. Hohe Absätze klackern im irrsinnigen Stakkato auf dem holprigen Kopfsteinpflaster. Tagsüber wird hier auf Souvenir-Märkten eingekauft, Geschichte in Museen genossen oder in einem der vielen Restaurants und Cafés in aller Ruhe gespeist. Eher ruhig und gemütlich ist das Alte Riga in der Rozena-Straße, in der die Häuser nur wenige Handbreit auseinanderstehen.

Nahezu leergefegt sind die Straßen der Altstadt bei Nacht: die Pils iela (rechts) und der Platz vor der Stadthalle (oben).

RIGA
ST.-JAKOBS-KATHEDRALE

Nach der Erweiterung der Stadtbefestigung ab 1215 wurde die Kirche des heiligen Jakobus d. Ä. als Pfarrkirche für das neue Nordviertel Rigas erbaut. 1225 in früher gotischer Form begonnen, wurde das Bauwerk erst um 1300 vollendet. Wie kaum eine andere der insgesamt vier Altstadtkirchen von Riga konnte St. Jakob trotz vieler folgender Umgestaltungen die typische mittelalterliche Pyramidenform seines Turmes bewahren. 1522 war St. Jakob das zweite Gotteshaus in Riga, in dem lutherisch gepredigt wurde. Nach der Reformation übergab der polnische König Stephan Báthory 1582 die Kirche erneut den Katholiken und etwas später dem Orden der Jesuiten. Im 17. Jahrhundert war St. Jakob wieder protestantisch, ab 1710 Teil des Russischen Kronpatronats – und unter Napoleon eine Lagerhalle. Erst seit 1923 ist St. Jakob wieder ein katholisches Gotteshaus.

Der kupferne Spitzturm der Kathedrale ist schon von Weitem auszumachen und dominiert das Stadtbild von Riga.

RESTAURANTS

1221 Restorāns
Mitten in der Altstadt in einem historischen Kaufmannshäuschen stimmen hier Qualität und Preis bestens

überein. Am schönsten sitzt man auf der lauschigen Dachterrasse. Auch die Weine aus dem hauseigenen Weinkeller sind zu empfehlen.
Jauniela 16, Centra rajons, Rīga
1221-restorans.business.site/

The Dome Zivju Restorāns
Eine der Top-Adressen in Sachen Fisch in Riga. Es gibt nicht nur eine feine Auswahl an frischem Fisch, sondern auch gleich vier in verschiedenen Stilen eingerichtete Speisesäle.
4 Miesnieku st, Riga
www.domehotel.lv

Pelmeni XL
Für den schnellen Hunger zwischendurch. Spezialität sind hier die russischen Teigtaschen Pelmeni, dazu gibt es Suppen und Salate.
Stacijas laukums 2, Centra rajons, Rīga
www.xlpelmeni.lv

RIGA
SCHLOSS

Seit Anfang des 20. Jahrhunderts residiert das jeweilige lettische Staatsoberhaupt in dem prächtigen Schloss am Ufer der Daugava. Seine Vorgängerbauten dienten polnischen, schwedischen und russischen Herrschern als Domizil. Begonnen wurde mit ihrem Bau bereits im Jahr 1330. Das heutige Rigaer Schloss ist ein charakteristisches Beispiel für die Architektur des späten Klassizismus. Sowohl der schlanke Drei-Sterne-Turm als auch der weiträumige Festsaal und das Vestibül entstanden in ihrer heutigen Form allerdings erst zu Zeiten von Eižens Laube, einem der Rigaer Art-Nouveau-Pioniere. Vom Anfang des 16. Jahrhunderts stammen noch die beiden mächtigen Rundtürme, der Heiliggeistturm sowie der sogenannte Bleiturm.

Das Schloss birgt auch drei Museen, darunter die Sammlung zur Geschichte Lettlands.

RIGA
DOM ST. MARIEN

Von der Romanik über Gotik und Barock bis zum Jugendstil reichen die Elemente des Mariendoms, der inzwischen als erzbischöfliche Kathedrale der evangelisch-lutherischen Gemeinde Lettlands dient. Ursprünglich standen Kirche und Kloster auf einer kleinen Erhöhung außerhalb der Stadtmauern. Heute befindet sich das Ensemble aufgrund von Aufschüttungen gegen die Überschwemmungsgefahr durch die Daugava unter Straßenniveau. Sehenswert sind unter anderem die Kanzel (1641) und der geschnitzte Orgelprospekt (um 1700). Die Orgel selbst wurde 1883/84 gebaut und zählte zu ihrer Entstehungszeit mit mehr als 6700 Pfeifen zu den größten ihrer Art weltweit. Regelmäßig finden hier auch heute noch (Orgel-)Konzerte statt.

Auf den ersten Blick meint man, der Dom wäre eingesunken, tatsächlich ist das Gelände um ihn herum aufgeschüttet.

ANNO 1334
RENOV ANNO 1999
SUVENIRI

RIGA
RATHAUSPLATZ

Das eindrucksvolle Bauwerk am historischen Rathausplatz wurde 1334 als Gilde- und Versammlungshaus errichtet. Ursprünglich im Stil der Gotik erbaut und später mehrfach verändert, erhielt es im 17. Jahrhundert seine großartige Renaissancefassade mit zahlreichen Figuren und Reliefs. Als »Schwarzhäupterhaus« wird das Gebäude erst seit der zweiten Hälfte des 17. Jahrhunderts bezeichnet. Namenspatronin ist die Kaufmannsvereinigung, die das Haus damals schon seit mehr als zwei Jahrhunderten genutzt hatte. »Schwarzhäupter« nannten sich die Mitglieder eines Bundes von Kaufmännern vorwiegend deutscher Herkunft in Riga und einigen anderen Städten des Baltikums. Im Zweiten Weltkrieg wurde das Gebäude fast vollständig zerstört. Gut ein halbes Jahrhundert später, 1995 bis 1999, wurde das Haus originalgetreu wiederaufgebaut.

Viele der prächtigen Bauwerke, die den Rathausplatz umrahmen, wurden aufwendig rekonstruiert.

RIGA
PETRIKIRCHE

Er hat den besten Blick über Altstadt, Düna und Ostsee: der goldene Hahn auf der über 123 Meter hohen Kirchturmspitze von St. Petri. Auch der Panoramablick, den Besucher von der Aussichtsplattform auf 72 Meter Höhe genießen können, ist großartig. Doch das Glück war den Kirchtürmen nicht hold. Der erste stürzte ein, seinen Nachfolger, ein prächtiges Barockexemplar und mit 136 Metern damals höchste Holzkonstruktion weltweit, traf der Blitz, den folgenden zerstörten deutsche Bomben. Erst 1973 begann der erneute Wiederaufbau des Kirchturms. Die Ursprünge der Petrikirche stammen aus dem Jahr 1209. Erhalten sind noch die äußeren Wände im Seitenschiff und ein paar Pfeiler im Inneren. Verschiedene Um- und Neubauten ergaben das heutige Aussehen der dreischiffigen Basilika im Stil der Backsteingotik aus dem 15. Jahrhundert.

Die Kirche St. Petri ist eines der ältesten Sakralgebäude im gesamten Baltikum. Das Gotteshaus datiert auf das Jahr 1209.

RIGA
OKKUPATIONS-MUSEUM

Die Bevölkerung von Riga nennt das Okkupationsmuseum gerne auch »Schwarzer Sarg«, denn der neben dem Schwarzhäupterhaus stehende kastenförmige Bau mag so gar nicht zu den ansonsten herrschaftlichen Gebäuden des Rathausplatzes passen. Im Inneren beeindruckt allerdings eine sehr sehenswerte Dauerausstellung, die die leidvolle Zeit der Besatzung Lettlands zwischen 1940 und 1993 thematisiert. So musste das kleine, stolze Volk erst die Okkupation durch Russland und anschließend durch die Nationalsozialisten hinnehmen – inklusive Judenvernichtung und Zwangsrekrutierungen. Anschließend folgte die lange Zeit der sowjetischen Unterdrückung, die schließlich 1990 im Freiheitskampf und der endgültigen Wiedererlangung der lang ersehnten Eigenständigkeit Lettlands mündete. All dies wird sehr anschaulich im Okkupationsmuseum dargestellt.

Zur Sammlung zählen zahlreiche Fotos und Augenzeugenberichte, die das Leid der Bevölkerung nahebringen.

RIGA
NEUSTADT

Die Neustadt von Riga hat einen ganz anderen Charakter als die Altstadt. Statt verwinkelter Gassen und mittelalterlicher Häuserensembles findet man hier breite Prachtboulevards, die von herrschaftlichen Häusern aus der Zeit des 19. und 20. Jahrhunderts geprägt werden. Besonders dekorativ sind die zahlreichen Jugendstilelemente, die hier viele Hausfassaden schmücken. Um die Neustadt zu erkunden, startet man am besten am Freiheitsdenkmal vor den Toren der Altstadt. In den 1990er-Jahren war die Statue, die nicht zufällig an die New Yorker Freiheitsstatue erinnert, zentraler Versammlungsort für Demonstrationen, heute ist es ein beliebter Treffpunkt für Verabredungen. Von hier aus bietet sich ein Spaziergang entlang des Schlosskanals, zur Lettischen Nationaloper, ins Jugendstilviertel oder zur Alexander-Newskij-Kathedrale an.

Viele Jugendstilhäuser mit prächtigem Skulpturenschmuck zieren die Straßenzüge der Neustadt.

JUGENDSTIL

Wer die Neustadt von Riga erkundet, entdeckt einen Reichtum an Jugendstilgebäuden, der den Vergleich mit berühmteren Ensembles wie denen in Wien oder Prag nicht zu scheuen braucht. Insgesamt schmücken an die 800 Jugendstilbauten die Stadt. Nach der Schleifung der Festungswälle 1863 wurden die gewonnenen Freiflächen jenseits der Altstadt bebaut. Der Rigaer Jugendstil ist besonders mit dem Namen Michail Eisenstein verbunden, dem Vater des berühmten Filmregisseurs Sergej Eisenstein. Als Leiter des städtischen Bauamtes schuf der Architekt und Ingenieur ab 1893 eine Vielzahl der herausragendsten Gebäude mit einer ungeheuren Fülle an Formen und Skulpturen. Eines der berühmtesten ist das an Verzierungen kaum zu überbietende Wohnhaus in der Elizabetes iela 10b mit seinen neun Fensterachsen und den überdimensionalen Köpfen am Giebel. Hier scheint das Dekorative beinahe an die Grenzen des Möglichen zu stoßen. Auch in der nahen Alberta iela und der Strelnieku iela sowie in der Smilšu iela in der Altstadt sind geradezu verschwenderisch verzierte Fassaden zu besichtigen. Es war aber nicht Michail Eisenstein allein, der das Bild der Stadt um die Wende zum 20. Jahrhundert prägte. Auch andere Architekten wie etwa Konstantīns Pēkšēns hinterließen mit ihrer etwas sachlicheren Formgebung ein reiches Erbe.

Links: Das Treppenhaus im Museum der Alberta iela 12, das Konstantīns Pēkšēns entwarf. Bildleiste rechts: Die Köpfe in der Gertrudes iela und Alberta iela sind Musterbeispiele für den Jugendstil von Riga.

RIGA
NATIONALOPER

Südöstlich des monumentalen Freiheitsdenkmals liegt die Lettische Nationaloper. Das neoklassizistische Bauwerk von Ludwig Bohnstedt mit seiner prächtigen Hauptfassade und dem Portikus, den eine allegorische Figurengruppe rund um den Gott Apollo schmückt, entstand zwischen 1860 und 1863. Das Entrée ist kostenlos zu besichtigen. Ein wahres Ereignis ist aber ein Besuch einer Opernvorstellung. Der Nymphenbrunnen auf dem Vorplatz stammt aus dem Jahr 1887. Gleich gegenüber der Nationaloper liegt das Hauptgebäude der Lettischen Universität. Auch der schöne Wöhrmannsche Garten, eine der ältesten Parkanlagen von Riga, ist von hier aus gut zu erreichen.

Die Nationaloper mit ihrer prächtigen neoklassizistischen Fassade ist ein echter Hingucker.

RIGA
AKADEMIE DER WISSENSCHAFTEN

Unübersehbar erhebt sich in der Neustadt auch der 1955 fertiggestellte Kultur- und Wissenschaftspalast, der einst den Namen Josef Stalins trug und heute neben anderen Einrichtungen die Akademie der Wissenschaften beherbergt. 108 Meter hoch, ist er der erste Wolkenkratzer Lettlands und eines der höchsten Gebäude der Stadt. Er wird von Etage zu Etage schmaler und endet schließlich in einer kleinen Spitze. Aufgrund seiner Form und da er einst als Machtsymbol der stalinistischen Epoche galt, wird er vom Volksmund auch gerne »Stalins Geburtstagstorte« genannt. Man kann sogar von oben die Aussicht genießen, denn ein Aufzug fährt bis in den 17. Stock.

Die Akademie der Wissenschaften hat fast schon etwas von einem amerikanischen Wolkenkratzer an sich.

»BLACK BALSAM«

Wer ihn nicht gekostet hat, war nicht in Riga – so zumindest die These vieler lokaler Barbetreiber. »Black Balsam« ist ein Kräuterlikör, der aus Wodka und 24 verschiedenen

Kräuterzutaten besteht. Die genaue Rezeptur ist geheim. Das Getränk wird pur genossen, aber auch auf Eis, mit Säften, Obstbränden, Aquavit oder Wodka gemischt. Ihm wird sogar auch eine heilsame Wirkung nachgesagt.

LETTISCHER KÜMMELKÄSE

Er heißt auch Johanniskäse und darf zum traditionellen Johannisfest (lettisches Fest anlässlich der Sommersonnenwende) nicht fehlen. Er wird aus lettischem Quark, frischer Milch, Eiern und Butter zubereitet und natürlich Kümmel, der den besonderen Geschmack des Käses ausmacht. Zum Johanniskäse trinkt man traditionell ein kühles lettisches Bier.

RIGA
ZENTRALMARKT

Einen der größten Lebensmittelmärkte Europas zu besuchen, ist ein Erlebnis für alle Sinne. Untergebracht ist er in ehemaligen Hangars für Zeppeline und beeindruckt nicht nur durch seine Größe, sondern auch durch seine Lebendigkeit. Man kann sogar guten Gewissens sagen, der Zentralmarkt ist das Herzstück von Riga, denn alle Rigaer kommen mehr oder minder häufig auf das 72 000 Quadratmeter große Marktgelände. An rund 3000 Verkaufsständen werden Obst, Gemüse, Blumen, aber auch Kleidung, Haushaltsgeräte und Bücher angepriesen. Zudem gibt es eine Fleischhalle, eine Milchhalle (hier gibt es auch den typischen lettischen Kümmelkäse) und eine Fischhalle. Das Angebot ist schlichtweg überwältigend.

Der Zentralmarkt ist der größte Lebensmittelmarkt Lettlands. Lange Zeit war er sogar der größte ganz Europas.

JŪRMALA

Strand« bedeutet schlicht der Name der Stadt Jūrmala, denn sie entstand erst 1920 durch die Eingemeindung eines guten Dutzends von Küstenorten östlich der Mündung der Lielupe. Im Ortsteil Ķemeri lockten schon damals schwefelhaltige Quellen, Bulduri (Bilderlingshof) war vor 1914 bevorzugter Treffpunkt des Rigaer (Geld-)Adels und deutsch-baltischer Geistesgrößen. Anlässlich der Vermählung von Großfürstin Maria Alexandrowna mit Prinz Alfred von Großbritannien, Irland und Hannover 1874 wurde das Küstenstück zwischen Dzintari und Bulduri sogar eine Zeit lang »Edinburgh« genannt. Spätestens durch die Eröffnung der Eisenbahnstrecke von Riga nach Tukums im Jahr 1877 wurde ein Ausflug an den herrlich weißen, von einem Waldstreifen gesäumten Strand attraktiver.

Hölzerne Jugendstilvillen erinnern bis heute an die Blütezeit von »Rīgas Jūrmalas« (Rigas Strand), der sich ganz in der Nähe von Lettlands Hauptstadt fast 40 Kilometer nach Westen erstreckt.

ĶEMERI-NATIONALPARK

Nicht nur empfindliche Vögel wie der Schwarzstorch oder der Wachtelkönig schätzen die Feuchtgebiete des Baltikums. Auch empfindsame Menschen mit der einen oder anderen Malaise suchen in den Sümpfen Balsam für ihre Körper und Seelen. Und so entstand schon im 18. Jahrhundert in der lettischen Sumpflandschaft Ķemeri ein florierender Kurbetrieb. Die heilsamen Schlammbäder und das schwefelhaltige Wasser lockten die Aristokratie und das Großbürgertum des halben Baltikums an die Bucht von Riga. Muße für die Schönheiten der Natur werden die wenigsten Kurgäste gehabt haben – was ein Jammer ist, denn der 1997 gegründete Ķemeri-Nationalpark zählt dank seiner Lagunen, Moore, Seen und Kiefernwälder zu den großartigsten Feuchtgebieten der Ostsee. Seit zehn Jahren werden Flussbegradigungen und Moorentwässerungen wieder rückgängig gemacht.

Neben Zwergsträuchern wie Rosmarinheide trifft man auch auf den fleischfressenden Sonnentau (rechts).

NATURPARK ENGURE-SEE

Wildpferde am Ufer und wilde Kühe im Wasser, zudem Brutgebiet teilweise seltener Vögel und Heimat für mehr als ein Dutzend Fischarten – Lettlands drittgrößter See ist zwar Naturschutzgebiet, aber man kann dort nicht nur von Holztürmen die Fauna betrachten, sondern an manchen Stellen sogar angeln und Boote mieten. Der flache, rund vierzig Quadratkilometer große Lagunen-See ist von einer bis zu 2,5 Kilometer breiten Düne vom Meer getrennt und nimmt die Flüsse Dzedrupe, Dursupe und Jurģupe in sich auf. Zudem liegen in ihm mehrere Inseln. Die Seeufer sind so stark mit Schilf bewachsen, dass man die eigentliche Wasserfläche nur von wenigen Stellen aus sehen kann. Seinen Namen hat der See übrigens vom livländischen Wort für Aal. Allerdings ist dieser Fisch heute nur noch selten in dem zunehmend versandenden, aktuell nur zwischen zwei und drei Meter tiefen Küstengewässer anzutreffen.

Wildpferde und wilde Kühe fühlen sich am Ufer des Engure-Sees wohl.

TALSI

Stadt der neun Hügel« nennt sich die erstmals im 10. Jahrhundert erwähnte Siedlung zwischen Talsu-See und Vilkmuižas-See gerne selbst. Zur Zeit des Deutschordens siedelten sich um die Feste von Talsi (damals Talsen) auch zahlreiche deutsche Handwerker und Händler an; Eisengewinnung sorgte für bescheidenen Wohlstand. Bereits ab 1609 gab es eine gemauerte Kirche. Anfang des 19. Jahrhunderts lebte Beethovens Freund Carl Amenda als Pastor in Talsi. Ab Mitte der 1960er-Jahre brachte eine Eisenhütte wirtschaftlichen Aufschwung. Das in der ehemaligen Villa Hochheim, der Residenz von Baron Fircks, untergebrachte Museum auf dem Tigulu-Hügel veranschaulicht die lange Geschichte der Stadt. Umgeben ist das klassizistische Gebäude von einem dendrologischen Park, in dem 250 Baumarten wachsen. Am schönsten sei es in Talsi, so sagen die Einheimischen, wenn die Kirsch- und Apfelbäume blühen.

Auf einem Hügel thront die evangelisch-lutherische Kirche von Talsi.

SLĪTERE-NATIONALPARK

Der Nationalpark Slītere ist der kleinste der vier lettischen Nationalparks und befindet sich an der Nordspitze von Kurland am Kap Kolka. Er ist in mehrere Schutzzonen eingeteilt, von denen einzelne Teile nicht betreten werden dürfen. Ansonsten führen jedoch mehrere Rad- und Wanderwege durch den Nationalpark. Die einzigartig schöne Landschaft setzt sich aus Meer, Laubwäldern, Mooren und Feuchtgebieten zusammen und wird gern als »geologisches Freilichtmuseum« bezeichnet, da sie (vor allem aus der Luft betrachtet) die Entstehungsgeschichte der Ostsee nachvollziehen lässt. Einen Teil der geologischen Entwicklung kann man beispielsweise an den Blauen Bergen sehen, die einst die Küstenlinie der Ostsee bildeten und vor gut 10 000 Jahren durch den Baltischen Eisstausee geformt wurden. Außerdem leben dort noch einige Liven, Vertreter eines nahezu ausgestorbenen Volkes in Lettland.

Schwarzer Storch (links oben) und Schlangenadler (links unten) im Nationalpark.

KAP KOLKA

Zwei Meere, so heißt es, treffen sich an diesem nördlichsten Punkt der Halbinsel Kurland, denn die offene Ostsee (Großmeer) grenzt hier an die Rigaer Bucht (Kleinmeer). Wellengang und unvorhersehbare Strömungen machen das Schwimmen extrem gefährlich. Auch für Schiffe ist Kap Kolka eine Herausforderung, denn eine Untiefe verlängert es unter Wasser um gut fünf Kilometer. Und für den neuen Leuchtturm brauchte es eine künstliche Insel – von seinem Vorgänger blieb nur ein Haufen Steine übrig. Lettlands ausgeprägtestes Kap liegt im Nationalpark Slītere und ist vor allem im Frühling ein Paradies für Ornithologen, denn dann sammeln sich hier täglich bis zu 50 000 Zugvögel. Außerdem ist Kap Kolka der einzige Ort in Lettland, an dem man sowohl den Sonnenauf- als auch -untergang am Meer bestaunen kann. Schon die Wikinger kannten übrigens Kap Kolka: unter dem Namen »tumisnis« (Domäsnäs).

Am Kap Kolka treffen Ostsee und Rigaer Bucht aufeinander.

ABAVA-URSTROMTAL

Als die »Schweiz von Kurland« gilt vielen das Flusstal zwischen Kandava und der Mündung der Abava in die Venta nördlich des Städtchens Kulida. Entstanden ist das rund 300 Meter breite und bis zu 40 Meter tiefe Abava-Urstromtal durch Gletscher-Schmelzwasser. In vielen reizvollen Schleifen windet es sich durch eine abwechslungsreiche Landschaft in Lettlands Nordwesten. Kiefern- und Birkenwäldchen säumen seine Ufer ebenso wie Wacholderhaine, Wiesen und Felder, Burgberge und Sandsteinfelsen mit Höhlen. Es gibt zahlreiche malerische kleine Orte wie z. B. Sabile, auf dessen Terrassen laut »Guinness-Buch der Rekorde« der wohl nördlichste Wein der Welt angebaut wird. In der Nähe liegt auch das Landgut Pedvāle mit seiner Open-Air-Kunst. Die Stiftung Weltkulturerbe der UNESCO hat es zusammen mit dem Abava-Tal in die Liste der 100 schützenswertesten Kulturdenkmäler der Welt aufgenommen.

Historische Steinbrücke über die Abava beim Städtchen Kandava.

BALTISCHES BRAUCHTUM

Trachten, Tänze, Gesänge, Feste – das Baltikum ist reich an Traditionen. Ob Johannisnacht-Riten, festliche Jahrmärkte, das Folklore-Festival »Baltica« oder andere spezielle Ausdrucksformen von Herkunft und Heimat: Baltisches Brauchtum ist vielerorts noch lebendig. So bezeichnet man Lettland auch als »Das Land, das singt«. Seine traditionellen Volkslieder entstanden bereits vor mehr als tausend Jahren. Ihre kurzen Texte gehör(t)en zum Fest- wie zum Alltag. Bis ins 16. Jahrhundert wurden diese »Dainas« nur mündlich überliefert. Heute sind rund 1,2 Millionen (mit mehr als 30 000 Melodien) schriftlich fixiert und zählen als »Daina-Schrank« zum Welterbe der UNESCO. In Estland ist vor allem die Gesangstradition von Setomaa berühmt; Litauens »Liederfest« zählt mit jenen der baltischen Nachbarn inzwischen zum Immateriellen Kulturerbe der Menschheit.

Traditionen und Brauchtümer haben im gesamten Baltikum einen hohen Stellenwert.

KULDĪGA

Aufgrund seiner malerischen Lage am Fluss Venta und seiner gut erhaltenen Altstadt mit den zahlreichen historischen Holzhäusern ist Kuldīga (das früher Goldingen hieß) eine der malerischsten Städte Lettlands. Bereits 1242 gründeten deutsche Ordensritter das Städtchen aufgrund seiner strategisch günstigen Lage an der Venta. Besonders sehenswert ist die Fußgängerzone (Liepajas iela), die mitten durch den schönen Altstadtkern führt und von zahlreichen Häusern aus dem 17. bis 19. Jahrhundert umrahmt wird. Ein bisschen fühlt man sich hier wie in einer Filmkulisse aus früheren Zeiten. Auf dem Rathausplatz stehen das Alte Rathaus aus dem 17. Jahrhundert sowie das neue, pompöse Rathaus. Weitere pittoreske Häuser, die noch aus dem Mittelalter stammen, stehen am winzigen Flüsschen Alekšupīte, das sich mitten durch den Ort hindurchschlängelt.

Oben: Eine Backsteinbrücke überspannt den breiten Strom der Venta. Rechts: Aus der Zeit gefallen – eine Straße in Kuldīga.

LIEPĀJA

Entstanden aus einem kleinen kurischen Dorf an der Mündung der Lyva, ist Liepāja mit fast 77 000 Einwohnern heute Lettlands drittgrößte Stadt. Schon im 15. Jahrhundert wurden in ihrem Hafen Holz, Fleisch, Fisch und Butter umgeschlagen; 1625 erhielt die damals noch nach dem Fluss benannte Siedlung durch den Herzog von Kurland und Semgallen die Stadtrechte. Die 1758 geweihte Dreifaltigkeitskirche birgt noch heute eine der größten Orgeln der Welt. Und gleich drei Gotteshäuser umgeben den historischen Petertirgus-Markt. Zaren-Festung und Speicherviertel künden von der frühen strategischen Bedeutung der »Stadt der Winde«. Die Ehrenallee lettischer Musiker erinnert ebenso an die große Klangtradition Lettlands wie das »Summer Sound Festival«. Und nicht nur während des »Meeresfestivals« im Juni lockt Liepājas langer, feinsandiger Dünenstrand.

Liepāja, das direkt an der Ostsee liegt, war schon von altersher eine wichtige Hafenstadt für Güter und Waren.

VENSTPILS

Vom Fluss Venta hat das Hafenstädtchen seinen Namen, reich wurde es schon zu Zeiten von Herzog Jakob Kettler, Mitte des 17. Jahrhunderts, vor allem durch Schiffsbau und Handel sowie durch die Bearbeitung von Bernstein. Vom kurländischen Windau aus startete sogar eine Flotte, um Gambia und Tobago zu kolonialisieren. 1890 wurde dann der Hafen modernisiert und per Eisenbahn mit Moskau verbunden. In jüngster Zeit sorgte vor allem der Export von Öl für Wohlstand. Unterhalb der mittelalterlichen Deutschordensburg mit ihrem Museum, zu dessen Sammlung auch einige wertvolle Bernsteinobjekte zählen, drängt sich die restaurierte Altstadt des ehemaligen Windau mit ihren Kopfsteinpflastergassen und schönen Häusern aus dem 18. und 19. Jahrhundert. Fast bis in den Stadtkern reicht auch der zwei Kilometer lange Dünenstrand.

Oben: Kopfsteinpflaster und kleine Häuschen. Rechts: Die mächtige Ordensritterburg dominiert den Ort.

SCHLOSS RUNDĀLE

Schloss Rundāle, das größte Barockensemble Lettlands, zeigt, wie sehr der Bau eines Schlosses vom Schicksal seines Erbauers abhängt: Ernst Johann von Biron, Herzog von Kurland und Günstling von Zarin Anna, legte 1736 den Grundstein für seine Sommerresidenz. Drei Jahre später verlor der Herzog nach dem Tod der Zarin alle seine Ämter und wurde nach Sibirien verbannt. Schon im folgenden Jahr hob Zarin Elisabeth I. die Verbannung wieder auf. Weitere 20 Jahre mussten vergehen, bis von Biron 1763 auch seinen Herzogtitel wiedererlangte. Dann erst konnte er den Bau fortsetzen und die Sommerresidenz 1769 vollenden. Entworfen wurde das zweistöckige Barockschloss vom italienischen Architekten Bartolomeo Francesco Rastrelli, dem Erbauer des Winterpalasts in St. Petersburg. Heute sind viele der insgesamt 138 Räume als Museum zu besichtigen.

Schloss Rundāle ist eines der schönsten Schlösser des Baltikums. Man nennt es auch das »Versailles von Kurland«.

JELGAVA

Bis 1919 war die heute rund 60 000 Einwohner zählende Stadt unter dem Namen Mitau die Hauptstadt von Kurland und im Gegensatz zum hanseatischen Riga adelig geprägt. Zu ihren einst reichen architektonischen Schätzen, die größtenteils dem Kampf der Armeen Stalins und Hitlers zum Opfer fielen, zählten das Barockschloss von Bartolomeo Rastrelli, dem Hofarchitekten des Zarenhauses im 18. Jahrhundert. Es wurde ebenso wiedererbaut wie die Academia Petrina, einst der auf seinen Entwürfen basierende Witwensitz von Zarin Anna (heute Geschichts- und Kunstmuseum). Die von Rastrelli geplante russisch-orthodoxe Kathedrale wurde allerdings erst 1892 erbaut. Noch größtenteils im Originalzustand zeigt sich der Turm der Trinitatiskirche von 1699 – allerdings fehlt das Gotteshaus. Auf das Jahr 1638 geht die evangelische Backsteinkirche St. Annen zurück.

Rechts: Schloss Jelgava liegt idyllisch auf einer Insel inmitten des Flusses Lielupe. Oben: Academia Petrina.

DOBELE

Auf den Resten eine früheren hölzernen Wallburg der Semgallen erbaute der Deutsche Orden zwischen 1335 und 1359 am rechten Ufer der Perse seine majestätische Burg. Um sie herum entstand der Kern der heutigen Stadt Dobele. Im Großen Nordischen Krieg wurde die Burg, nach mehrmaliger Eroberung durch die Schweden, letztlich so schwer zerstört, das man sie 1736 aufgab. Aber die Ruinen künden noch von ihrer einstigen Größe. Unter der Regentschaft von Herzog Jakob Kettler von Kurland erlebte der Ort Dobele einen wirtschaftlichen Aufschwung; mehrere Manufakturen sowie Wassermühlen und ein Sägewerk siedelten sich an. Dobele ist auch der Geburtsort von Bernhard Bielenstein, einem bedeutenden Architekten des Rigaer Jugendstils. Er entwarf für die Stadt rund zwanzig Gebäude, darunter – zusammen mit Henry van de Velde – die Schule St. Petri und das zugehörige Pastorat.

Touristisches Highlight von Dobele sind insbesondere die Ruinen der einst mächtigen Ordensburg.

DAUGAVA

Lettlands zweitgrößter Fluss (nach der 450 Kilometer langen Gauja) verleiht zwar sowohl der Metropole Riga als auch der Großstadt Daugavpils ein besonderes Flair. Doch seine Quelle liegt in der Fremde, auf den Waldaihöhen in Westrussland. Auf lettischem Gebiet windet sich die Daugava zwischen Daugavpils und Kraslava malerisch in mehreren Schleifen durch dicht bewaldetes Terrain. Auf der ehemaligen Insel Dole am Wasserkraftwerk Riga erhellt das Daugava-Museum in einem historischen Wohnhaus von 1898 das Leben und den Alltag an den Ufern des Flusses – von der ersten Siedlung aus der Steinzeit bei Salaspils-Laukskola (9. Jahrtausend v. Chr.) bis zum Ensemble von Ikšķile-Schloss und -Kirche, dem ersten gemauerten Bauwerk im Baltikum (1198). Im Mittelalter war die Daugava ein wichtiger Abschnitt der Handelsroute zwischen Nord und Süd.

Das Daugava-Tal lädt nicht nur zu Paddeltouren ein, am Ufer der Flusses stehen auch zahlreiche Burgruinen.

BURG KOKNESE

Fast wie ein steingewordener Schriftzug spiegeln sich die Ruinen der Burg Koknese im Wasser der Daugava. Ursprünglich erhob sich die 1209 im Auftrag von Bischof Albert

an der Stelle einer früheren Holzburg errichtete Festung hoch oben auf dem Berg am Zusammenfluss von Daugava und Perse. Doch schon während des Nordischen Kriegs sorgte sächsisches Kanonenfeuer für den Fall der imposanten Mauern. Knapp 300 Jahre später wurden ihre Fundamente zudem durch den Bau des Wasserkraftwerks Plavinas überschwemmt. Heute dienen die Ruinen von Koknese als Kulisse für Theateraufführungen, Mittelalterfeste, Konzerte, das »Welswecken« und Hochzeiten im traditionellen lettischen Stil.

visitkoknese.lv

BASILIKA VON AGLONA

Tausende katholischer Gläubige pilgern jedes Jahr am 15. August nach Aglona, denn die schneeweiße Barockkirche des Ortes ist eines der bekanntesten und einflussreichsten Gotteshäuser im Baltikum. Papst Johannes Paul II. höchstpersönlich verlieh der Wallfahrtsstätte bei seinem Besuch anlässlich des 200. Jahrestages ihrer Erbauung den Titel Basilika. Selbst das Sowjetsystem vermochte es trotz etlicher Repressalien nicht, die Anziehungskraft dieses religiösen Zentrums von Lettland auszulöschen. Aglona ist jedoch nicht nur zu Mariä Himmelfahrt ein beliebtes Ziel, denn es liegt in einer reizvollen Seenregion. Aus einem dieser oft durch Flüsschen verbundenen Gewässer, so heißt es, wurde durch Fürbitten an die Gottesmutter von Aglona ein ertrunken geglaubtes Kind gerettet. Und dem Wasser einer Quelle, das in der Nähe der Wallfahrtskirche entspringt, wird heilende Wirkung nachgesagt.

Die schneeweiße Basilika von Aglona entstand im 18. Jahrhundert.

KRĀSLAVA

Schon in den Wikingersagen wird die Siedlung an der Daugava unter dem Namen Dynasaiforgarðr erwähnt. Nach dem Schwertbrüderorden prägte vor allem das aus Westfalen stammende Adelsgeschlecht der Plater den Burgort. Es ließ sich dort zwischen 1750 und 1791 auch eine barocke Residenz erbauen und deren Innenmauern mit prächtigen Motiven aus dem Alten Rom, fantasievollen Ornamenten und figürlichen Kompositionen nach Radierungen von Giovanni Battista Piranesi (1720–1778) schmücken. Zwar wurde das Schloss im 19. Jahrhundert im klassizistischen Stil umgebaut, die Wandmalereien blieben jedoch erhalten und wurden im 20. Jahrhundert wiederentdeckt. Leider kann das Schloss bislang nur von außen besichtigt werden. Auf einem anderen Hügel der Stadt erhebt sich die schneeweiße Barockkirche St. Ludwig, eines der schönsten Gotteshäuser der Region.

Oben: Hauptattraktion von Krāslava ist sein Schloss. Rechts: Das hübsche Städtchen liegt ganz im Südosten Lettlands.

NATURPARK DAUGAVAS LOKI

Eisvogel und Zwergseeschwalbe nisten hier ebenso wie die geschützten Raken, der Wachtelkönig und der Austernfischer. Seltene Pflanzen wie die Neottianthe cucullata, eine Orchideenart, und die Behaarte Segge fühlen sich ebenfalls wohl auf dem Areal des Daugava-Mittellaufes. Einer seiner acht Mäander durch die ebenso malerischen wie artenreichen Landschaften zwischen Naujene und Krāslava war sogar einst auf dem Zehn-Lats-Geldschein dargestellt. Vom Aussichtsturm Vasargelišķi am Anfang des knapp zwei Kilometer langen Schluchtenpfads zum Burgberg Adamova lässt sich dieser Flussbogen (ebenso wie das Städtchen Krāslava) bestens bewundern. Über eine Distanz von gut dreißig Kilometern erschließt auch ein bestens ausgeschilderter Fahrradweg den Naturpark Daugava. Zudem sind Bootsfahrten in dem ältesten Abschnitt der Daugava möglich.

»Loki« heißt übersetzt »Bögen« und gleich in neun Bögen zieht sich die Daugava in ihrem Tal durch den Naturpark.

DAUGAVPILS

Lettlands zweitgrößte Stadt ist auch die Heimat eines großen zeitgenössischen Künstlers: Mark Rothko erblickte hier, im damals russischen Dwinsk, 1903 als Sohn eines jüdischen Apothekers das Licht der Welt. 2013 wurde zu Ehren des Wegbereiters der Farbfeldmalerei das Mark-Rothko-Kunstzentrum eröffnet. Es birgt auch einige seiner Originalwerke und ist im Arsenalgebäude der Festung untergebracht, die ab 1810 in Erwartung eines Angriffs von Napoleon errichtet wurde. Die riesige Bastion ist die letzte vollständig erhaltene ihrer Art in Europa und inzwischen das Wahrzeichen der heute gut 90 000 Einwohner zählenden Stadt am Daugava-Ufer. Eine weitere Sehenswürdigkeit ist der Baznīcu kalns (Kirchberg). Als eindrucksvolles architektonisches Ensemble stehen hier dicht gedrängt vier Gotteshäuser nebeneinander – jedes dient einer anderen Glaubensrichtung.

Rechts: Straßenzug in Daugavpils. Oben: Innerhalb der Festungsanlage befindet sich u. a. das Mark-Rothko-Zentrum.

LATVIJAS BANKA

SALACA

Ihre Quelle liegt am Ostzipfel des gut vierzig Quadratkilometer großen Burtniek-Sees, beim Hafenort Salacriva ergießt sich die Salaca in die Rigaer Bucht. Mehr als neunzig Kilometer hat der Fluss dann zurückgelegt – durch die herrlichen Landschaften des Biosphärenreservats Nord-Vidzeme und in teilweise abenteuerlichen Mäandern. Weite Wiesen, Schilfgürtel, sanfte Böschungen, steile Uferwände, an deren Sandstein-Kanten sich hohe Nadelbäume recken – vor allem ab dem Marktflecken Mazsalaca mit seinen Holzhäusern und dem Park um das ehemalige Schloss lockt die Salaca, die sowohl diesem Ort als auch der Mündungsstadt Salacriva ihren Namen gab, mit immer neuen Windungen und Eindrücken. Für Paddler und Kanufahrer eine wunderbare Strecke! Der Fluss birgt viele kleine Stromschnellen, die aber alle gut befahren werden können. Nur am Wehr in Staicele müssen die Boote umgetragen werden.

Hinter jeder Biegung der Salaca wartet ein neues Abenteuer.

MÜNCHHAUSEN-MUSEUM

Wer kennt ihn nicht, den Lügenbaron? Auf einer Kanonenkugel sei er herumgeflogen und am eigenen Schopf habe er sich – samt Pferd – aus dem Sumpf gezogen. Solche

Geschichten erzählte Hieronymus Carl Friedrich Freiherr von Münchhausen (1720–1797) gern in geselliger Runde über seine Zeit im russischen Regiment. Wahr indes ist, dass der in Riga als Leutnant stationierte junge Baron bei einem Jagdausflug nach Dunte seine erste Frau Jacobine, die Tochter seines Freundes, des baltischen Landadligen Georg Gustav von Dunten, bei dem er oft zur Entenjagd geladen war, kennenlernte. Das Paar heiratete im nahe gelegenen Dorf Pernigel (Liepupe) und lebte bis 1750 auf dem Gutshof der Familie. Dort wo einst das Herrenhaus stand, wurde zu Ehren des liebenden Ehemanns und leidenschaftlichen Erzählers im Jahr 2005 das Münchhausen-Museum eröffnet. Auf einem Waldpfad nahe dem Gebäude sind zudem einige von Münchhausens Abenteuern mit geschnitzten Holzskulpturen nachgestellt.

Landgut Dunte, Gemeinde Liepupe;, minhauzens.lv

SIGULDA

Semgallen, Kreuzritter, Liven und Esten kämpften um die frühe Siedlung in der Hügellandschaft des Gauja-Flusses, die vielen als die Schweiz Lettlands gilt. Wie das nahe Turaida entwickelte sich auch Segewold (Sigulda) im Mittelalter um eine Burg. Nahe ihrer Ruine entstand Ende des 19. Jahrhunderts im Auftrag des Gutsbesitzers Prinz Kropotkin das Neue Schloss. Etwa zur selben Zeit wie die neogotische Residenz wurde die Bahnlinie Rīga–Valka eröffnet; sie brachte Sigulda rasantes Wachstum. Rigas Oberschicht reiste zu Ausflügen und Bällen an; selbst der russische Zar kam gelegentlich. Heute lockt Sigulda nicht nur mit seiner historischen Architektur und der Nähe zum Gauja-Nationalpark, für den es ein Besucherzentrum eröffnet hat, sondern auch als Wintersportdestination.

Oben: Das Neue Schloss wurde im Stil einer mittelalterlichen Burg erbaut. Rechts: Kirche und Holzhaus im Museumsbezirk von Turaida nahe Sigulda. Die Kirche ist eine der ältesten Holzkirchen Lettlands.

TURAIDA

Größte Attraktion von Sigulda ist das Museumsreservat Turaida mit der aus dem 13. Jahrhundert stammenden Burg. »Gottes Garten« bedeutet Turaida in der Sprache des

bis zum 13. Jahrhundert auf dem weiten Territorium siedelnden Volks der Gauja-Liven. Heute erzählt das Museumsreservat auf seinen fast 65 000 Hektar von der mehr als tausendjährigen Geschichte des Ortes und ihrer Protagonisten. Markant ist insbesondere der ca. 30 Meter hohe mächtige Rundturm im Innenhof der Burganlage, von dessen Spitze man einen fantastischen Ausblick auf die Gauja und den dazugehörigen Nationalpark hat. Zum Gelände gehören auch ein Museum mit archäologischen Funden sowie der Dainasberg, der mittels großer steinerner Skulpturen an den in Lettland berühmten Dainas-Sammler Krišjānis Barons erinnert.

www.turaida-muzejs.lv

GAUJA-NATIONALPARK

Der größte und älteste Nationalpark Lettlands schützt das eiszeitliche Urstromtal der Gauja und damit nicht nur wunderschöne Waldseen und Grotten, Höhlen und Sandsteinklippen, sondern auch unzählige Pflanzen-, Fisch- und Vogelarten. Malerisch schlängelt sich die Gauja über eine Länge von fast 94 Kilometern durch den Nationalpark, flankiert durch das mal mehr und mal weniger tiefe Rot des für die Region typischen Sandsteins. Abseits des Flusses besticht das Naturschutzgebiet durch seinen dichten und farbenfrohen Waldbestand. Außerdem finden sich hier mehr als 500 einzigartige Kulturdenkmäler, darunter die charmante Altstadt von Cēsis mitsamt mittelalterlicher Kreuzritterburg, die von Urwäldern umgebene Bischofsburg von Turaida oder die Seeburg Āraiši. Der Nationalpark lässt sich hervorragend in Wanderschuhen erkunden, doch auch Bootsfahrten und Radtouren werden angeboten.

Der Nationalpark wurde im Jahr 1973 gegründet, er ist der älteste des Landes.

BOOTSTOUR AUF DER GAUJA

Kanu- und Kajakverleih Leiputrija
Wer eine Bootstour auf der Gauja plant, ist hier bestens aufgehoben. Ob Boote, Schwimmwesten oder wasserdichte

Taschen – hier kann man sich die gesamte Ausrüstung ausleihen. Organisation von Eintages- bzw. Mehrtagesfahrten. Transfer und Transport von Booten.
leiputrija.com

Makara Tourismus
Verleih von Booten, Kanus und Flößen. Organisation und Durchführung von Touren. Das Unternehmen betreibt auch zwei Campingplätze an der Gauja.
www.makars.lv

CĒSIS

Unweit des Gauja-Flusses und des gleichnamigen Nationalparks liegt das mittelalterliche Cēcis, einst Sitz der Schwertbrüder und des Deutschen Ordens. Schon 1284 war die Johanniskirche der Burgsiedlung fertiggestellt. Von ihrem Glockenturm aus ist die ganze Stadt zu überblicken. Größte Attraktion der Stadt ist die Ruine der Burg Cēcis aus dem 13. Jahrhundert. Bei einer Führung mit Bauhelmen und Laternen kann man das altehrwürdige Gemäuer besichtigen. An der Ostseite der Ruinen wurde im 18. Jahrhundert das Neue Schloss erbaut. Das prächtige Herrenhaus birgt inzwischen ein Museum zur Geschichte und Kunst von Cēcis. Der einstige Kutschenstall dient als Ausstellungshalle und neben dem ehemaligen Kornspeicher befindet sich die älteste Brauerei Lettlands.

Kleine, verwinkelte Häuschen ducken sich in Cēcis um den markanten Glockenturm der Johanniskirche. Oben: Blick auf die Burg von Cēsis.

NORD-VIDZEME

Das Biosphärenreservat Nord-Vidzeme, das von der UNESCO 1997 als erstes Biosphärenreservat Lettlands etabliert wurde, dient dem Erhalt des empfindlichen Küstenökosystems aus Salzwiesen und Hochmooren sowie den Laichgewässern der Ostseelachse. Es umfasst 51 kleinere Naturschutzgebiete, darunter auch den malerischen »Steinigen Strand von Vidzeme«, einen weitgehend naturbelassenen Küstenabschnitt an der Rigaer Bucht. Die wildromantische Küste ist nicht wirklich zum Baden geeignet, beeindruckt jedoch durch spektakuläre Sandsteinfelsen und Sanddünen. Dazwischen liegen lebhafte Ferienorte und verschlafene Fischerdörfer. Besonders sehenswert ist die »Weiße Düne« am Ortseingang von Saulkrasti, von deren Spitze (Aussichtsplattform) man eine tolle Sicht auf die Küstenlinie hat.

Malerisch ziehen sich die Sandsteinfelsen am »Steinigen Strand von Vidzeme« entlang. Dahinter locken dichte, grüne Wälder.

LITAUEN

Einer der längsten Strände in Europa, den Mittelpunkt dieses Kontinents, seine zweithöchste Düne, unzählige Seen und Wälder, eine Fülle von Nationalparks, die einzigartige Kurische Nehrung, die schon Künstler wie Lovis Corinth, Max Pechstein und Karl Schmitt-Rottluff bezauberte und auf der sich der Schriftsteller Thomas Mann sogar ein Sommerhaus bauen ließ: Litauens Natur hat viele Facetten. Aber es ist auch und vor allem der Kontrast zwischen der unberührten weiten Landschaft, in der die Zeit stehen geblieben zu sein scheint, und den im Rhythmus westlicher Moderne pulsierenden Städten, die es in dem südlichsten der drei baltischen Staaten zu entdecken lohnt. Die Altstadt der Landesmetropole Vilnius gilt als die größte erhaltene in Osteuropa und wurde schon 1994 von der UNESCO zum Welterbe erklärt. Kaunas, Zentrum der Textilkunst Litauens und Heimat des Fluxus-Mitbegründers und Beuys-Weggefährten George Maciunas, wird 2022 Kulturhauptstadt Europas sein. Mit einer vielfältigen Kulturszene lockt auch der Ostseehafen Klaipėda, die Nummer drei unter Litauens Städten. Im historischen Seebad Palanga birgt das einst gräfliche Schloss heute das größte Bernsteinmuseum der Welt. Kirchen, Klöster, mittelalterliche Burgen, traditionsreiche Dörfer und Städte, die auch das jahrhundertelange, friedvolle Miteinander diverser Kulturen und Religionen widerspiegeln, gehören ebenso zu den Attraktionen Litauens wie die diversen Möglichkeiten, sich die fantastische Natur zu erschließen: in Wanderschuhen, auf dem Rad oder im Kanu.

Palanga zählt mit seinem zehn Kilometer langen Strand zu den schönsten Badeorten Litauens.

VILNIUS

Zuerst Balten, später Slawen und seit dem 11. Jahrhundert auch Juden siedelten an dem Zusammenfluss von Neris und Vilnia. Großfürst Gediminas warb im Zuge seines Ausbaus der ersten Steinburg im frühen 14. Jahrhundert dann Kaufleute, Wissenschaftler und Handwerker für die »civitate nostra regia, Vilna dicta« und lockte die neuen Bewohner unter anderem mit Religionsfreiheit. Statt der damaligen zwei prägen heute mehr als fünfzig Gotteshäuser das Bild der Stadt, die stets die fremden Einflüsse aufsog und daraus etwas Einzigartiges machte, wie der Dichter Tomas Venclova sagt. Litauens Metropole, die übrigens nur wenige Kilometer entfernt vom geografischen Mittelpunkt Europas liegt, birgt in ihrem historischen, von der UNESCO zum Welterbe erklärten Kern eine Fülle herrlicher Barockbauten, inklusive jener der Universität, und pulsiert deutlich im europäischen Takt.

Vilnius besitzt die größte Altstadt Osteuropas; zahlreiche Kirchen- und Glockentürme prägen die Silhouette.

RESTAURANTS

Lokys
In dem gotischen Kellergewölbe mit ausgestopftem Bär speist man stilvoll Wildgerichte mit Zutaten aus den litauischen Wäldern.

Spezialität sind Wildschwein und Elch. An den Wochenenden werden Folklorevorstellungen dargeboten.
Stiklių str. 8/10, 01131 Vilnius
www.lokys.lt

Žuvine
Das Lokal ist berühmt für seine Fisch- und Meeresfrüchtegerichte. Aber auch die übrige Speisekarte ist exzellent. Originell ist auch die Inneneinrichtung mit Theaterkostümen und 350 Jahre alten Fresken.
Didžioji g. 31 (Vilniaus Rotušė), 00128 Vilnius
zuvine.lt

Neringa
Ehemaliger Künstlertreff der Intellektuellenszene von Vilnius. Nicht nur das Ambiente spiegelt die Zeit wider, auch die Speisekarte beruft sich auf gute alte Klassiker. So gibt es Blini mit Kaviar oder Bœuf Stroganoff.
Gedimino pr. 23, Vilnius 01103
www.restoranasneringa.lt

VILNIUS
ALTSTADT

Vom 13. bis zum Ende des 18. Jahrhunderts politisches Zentrum des Großfürstentums Litauen und damit Ort der kulturellen Begegnung ost- und westeuropäischer Traditionen, wirkte Vilnius prägend auf die Entwicklung der Architektur in Osteuropa. In der Stadt finden sich gotische und barocke Bautraditionen neben Gebäuden im Stil der Renaissance. Unter den älteren Bauten stechen besonders die spätgotischen Kirchen wie St. Anna, St. Nikolai, die Bernhardinerkirche sowie einige barocke Adelspalais hervor. Barock zeigt sich auch die Peter-und-Paul-Kirche aus dem 17. Jahrhundert. Das Zentrum der Altstadt ist die Kathedrale, die ihr heutiges Gesicht zwischen 1783 und 1801 erhielt. Sie gleicht in der klassizistischen Bauweise einem antiken Tempel. Auf das historische Erbe trifft man in den vielen Museen der Stadt, die sich teilweise in früheren Adelshäusern befinden.

Mit ihren verwinkelten Gassen, Höfen, Plätzen und Befestigungsanlagen ist die Altstadt ideal für einen Bummel.

VILNIUS
GEDIMINAS-TURM

Als einzig verbliebener und weitgehend restaurierter Eckturm der Oberen Burg thront das dreigeschossige Bauwerk hoch über der Stadt. Trotz der Rundbögen seiner Fenster gehört es zur Architektur der litauischen Gotik. Seine mittelalterlichen Grundmauern fußen auf der ursprünglichen Holzkonstruktion des 10. Jahrhunderts; die Backsteinüberreste stammen aus dem 15. Jahrhundert. Denn unter Großfürst Gediminas wurde die inzwischen befestigte Burg ab dem 14. Jahrhundert zu einer der mächtigsten Verteidigungsanlagen Litauens ausgebaut. Heute ist in ihrem einzigen Relikt und Wahrzeichen der Stadt eine Zweigstelle des Litauischen Nationalmuseums untergebracht mit einer Sammlung zur Geschichte der mittelalterlichen Festungsanlage. Zu den Exponaten zählen unter anderem archäologische Fundstücke, Waffen und Rekonstruktionsmodelle.

Von der Turmspitze bietet sich ein fantastischer Blick auf die Altstadt von Vilnius und das Umland.

VILNIUS
KATHEDRALE ST. STANISLAUS

Die Kathedrale ist selbst in Vilnius, der Stadt der gotischen und barocken Kirchen, einzigartig: Dem frei stehenden, leicht schiefen Glockenturm (16.–18. Jahrhundert) schließt sich im Osten ein Bau an, der mit seinem auf dorischen Säulen ruhenden Portikus und dem Giebelfries an einen antiken Tempel erinnert. Tatsächlich befand sich an dieser Stelle bis zur Christianisierung Litauens im 14. Jahrhundert eine wichtige lokale Kultstätte. Władyslaw II. Jagiello, durch seine Heirat mit der polnischen Königstochter Hedwig zum König von Polen gekrönt, ließ ihn 1388 durch eine kleine gotische Kirche ersetzen. Bei ihrer Umgestaltung 1783–1801 ließ sich der litauische Architekt Laurynas Stuoka-Gucevicius vom französischen Klassizismus leiten. Er überformte den ursprünglich gotischen Bau und integrierte die noch erhaltenen barocken Elemente geschickt in die neue Architektur.

Die Kathedrale erinnert in ihrer Konstruktion an einen griechischen Tempel. Etwas abseits steht der Glockenturm.

VILNIUS
TOR DER MORGENRÖTE

Das Tor der Morgenröte ist das einzige noch erhaltene Stadttor von Vilnius. Dem goldenen Marienbildnis in der Torkapelle aus dem 16. Jahrhundert, das die Stadt einst vor Feuersbrünsten schützen sollte, werden wundertätige Kräfte nachgesagt, weshalb das Bauwerk immer wieder Ziel von Pilgern ist. Selbst Papst Johannes Paul II. besuchte 1993 die Kapelle. An den Besuch erinnert eine Gedenktafel. An der Südseite des Tores prangt zwischen Schießscharten ein kleines Medaillon mit der Figur des Hermes, dem Schutzpatron der Kaufleute. An der im 17. Jahrhundert angebrachten Attika ist das von mehreren Greifen gehaltene Staatswappen zu sehen. Vom Tor der Morgenröte aus kann man entlang der ehemaligen Stadtmauer schön flanieren, bis man die Promenade oberhalb der Bastei erreicht. Von hier hat man einen prächtigen Blick über die ganze Stadt.

Das Tor der Morgenröte ist das Ziel von zahlreichen Pilgern, die vor dem Bildnis der Madonna Gebete sprechen.

VILNIUS
HEILIG-GEIST-KIRCHE

Gradlinig, schnörkellos und ocker verputzt – von außen lässt die russisch-orthodoxe Heilig-Geist-Kirche nicht erahnen, welche Schätze sie im Inneren hütet. Bunte Fresken, bemalte Statuen und Engel sind unter reichen Stuckverzierungen, Marmorsäulen, goldenen Ornamenten und einer blau leuchtenden Kuppel versammelt. Solche farbintensiven und ausdrucksstarken Formen von Barock und Rokoko sind ungewöhnlich für ein orthodoxes Gotteshaus. Ursprünglich stand hier ein kleiner Holzbau von 1638, den ein Brand zerstörte. Nach den Plänen des Barockarchitekten Johann Christoph Glaubitz wurde die Kirche ab 1749 wiederaufgebaut. In einem Glasschrein in der Krypta ruhen die Reliquien von Eustachius, Antonius und Johannes; die Heiligen ziehen noch heute viele Gläubige an. Vor allem zu hohen Feiertagen stehen sie im Mittelpunkt der Aufmerksamkeit.

Außergewöhnlich ist die Farbgebung im Inneren der Kirche. Besonders das leuchtende Grün sticht hervor.

VILNIUS
ST. PETER UND PAUL

Vom litauischen Heerführer Pac nach einem Sieg über die Russen in Auftrag gegeben, besticht die zwischen 1668 und 1676 im Stil einer Basilika auf einem Uferhügel der Neris erbaute Barockkirche vor allem durch ihr prunkvolles, gänzlich in Weiß gehaltenes Inneres. Mehr als 2000 Stuckplastiken zieren ihren Chor, das Querschiff und die Apsis. Die Palette der dargestellten Motive reicht von Engeln, Soldaten, Drachen, Zentauren und Sonnenblumen über den heiligen Christophorus, das Jesuskind und den Tod als Sensenmann bis hin zur Szene des Jüngsten Gerichts. Der ursprüngliche Hauptaltar ist heute nicht mehr vorhanden. An seiner Stelle sind vier Propheten-Statuen und das Bild »Der Abschied der Heiligen Peter und Paul« zu sehen. In einer Nische links vor dem Altarraum steht die wundertätige holzgeschnitzte Jesus-Skulptur Ecce homo mit echtem Haar.

Die meisterhaften, komplett in Weiß ausgeführten Stuckarbeiten nehmen fast den gesamten Innenraum ein.

VILNIUS
GOTISCHES ENSEMBLE

Napoleon war von ihrer Schönheit so angetan, dass er sie auf Händen nach Paris tragen wollte. Keine Frau, sondern eine Kirche erweckte damals seine Leidenschaft. Mit ihren Bögen, Pilastern, Säulen und filigranen Türmchen ist die Anna-Kirche ein seltenes Schmuckstück der Gotik in Litauen. Sie zählt wegen ihrer verspielten Komposition aus horizontalen, vertikalen und gebogenen Linien zur Flamboyant-Gotik. Selbst im grauen Nebel umgibt St. Anna ein besonderer Glanz, dafür sorgen die 33 Ziegelarten, die in der Fassade verbaut sind. Die erste Kirche wurde Ende des 14. Jahrhunderts aus Holz erbaut, erst 200 Jahre später errichteten Franziskaner den heutigen Bau. Größer und prachtvoller ist die direkt daneben stehende gotische Bernhardiner-Kirche. Das liegt daran, dass Napoleons Truppen St. Anna später geplündert hatten. Die Bewunderung Napoleons war offensichtlich nur von kurzer Dauer.

Jung und anmutig wirkt die Anna-Kirche neben der wuchtigen Bernhardiner-Kirche.

ZONA

VILNIUS JÜDISCHES VIERTEL

Rechts und links der Deutschen Straße (Vokieèiu gatvé) erstreckte sich seit dem Mittelalter das jüdische Viertel, mit der Großen Synagoge, dem Gebetshaus des Gaon und der berühmten Strašūnas-Bibliothek. Geblieben ist nichts von allem; nur einige krumme Gassen mit Querarkaden haben ihr Aussehen erhalten. Noch vor dem Zweiten Weltkrieg lebten etwa 100 000 Juden in Vilnius, das als »Jerusalem des Nordens« galt. Sowohl das moderne Hebräisch als auch das Jiddische wurden hier entwickelt. Von 1941 bis 1943 wurde das jüdische Viertel zum zweigeteilten Altstadtghetto. In der Rūdninkų-Straße 18 erinnert eine Gedenktafel an das einstige Haupttor zum Großen Ghetto. In der Pamenkalno-Straße erinnert das Ghetto-Museum an die Zeit von Ausgrenzung und Genozid. An der Stelle der Großen Synagoge steht heute ein Kindergarten; in der Nähe das Gaon-Denkmal.

Einst gab es im jüdischen Viertel von Vilnius insgesamt 105 Synagogen. Heute existiert keine einzige mehr davon.

VILNIUS
UNIVERSITÄT

Zwischen Altstadt und Neris-Fluss entstand ab dem 16. Jahrhundert die von Jesuiten gegründete Hochschule von Vilnius. Mit einem guten Dutzend italienisch inspirierter Innenhöfe, Arkaden und Galerien, der imposanten St.-Johannes-Kirche mit begehbarem Glockenturm sowie den prachtvoll gestalteten Innenräumen des Observatoriums und der schon 1590 gegründeten Bibliothek mit ihren mehr als fünf Millionen Druckschriften stellt das Universitätsviertel bis heute ein einmaliges architektonisches Ensemble dar. Bauwerke der Gotik, der Renaissance, des Barock und der klassizistischen Architektur bilden ein harmonisches Ganzes, das in schönen Kontrast steht zu der fröhlichen Studentenatmosphäre. An den zwölf Fakultäten sind zusammen mehr als 20 000 Studierende eingeschrieben. Ein Teil der Universitätsgebäude kann besichtigt werden.

Oben und rechts: Die Universität von Vilnius ist eine der ältesten Europas. Links: Das Innere der Johanniskirche.

BUCHHANDLUNG »LITTERA«

Sie hat das beste Angebot an ausländischer Literatur, aber vor allem wunderbare Räumlichkeiten, die die Geschichte der schon 1579 gegründeten Litauischen

Universität erzählen. Denn die Deckengewölbe über den dunklen Holzregalen des kleinen Hochschul-Buchladens zieren eindrucksvolle Fresken. Geschaffen hat sie der litauische Künstler Antanas Kmieliauskas 1979 anlässlich des 400. Geburtstags der Universität. All ihre historischen Fakultäten, von der Astronomie über Medizin, Botanik, Musik und Kunst sind symbolisch verewigt; es gibt jeweils eine allegorische Figur und mitunter auch Porträts von Förderpersönlichkeiten, zeitgenössischen Professoren und Studenten. Kmieliauskas Fresken in der Buchhandlung Littera sind jedoch nicht der einzige künstlerische Beitrag zum Hochschuljubiläum. Gleich nebenan, in der Aisciai-Halle, lassen sich zum Beispiel Fresken zum Thema Jahreszeiten von Petras Repšys bewundern, die ebenfalls 1979 entstanden.

Universiteto 3, 01131 Vilnius

VILNIUS
UŽUPIS

Mit Kopenhagens Freistadt Christiana wird Užupis manchmal verglichen. Oder mit dem historischen Montmartre in Paris, mit dem sogar eine Partnerschaft besteht. Tatsächlich ist das einstige Mühlen- und Handwerkerviertel, dessen Name übersetzt »Hinter dem Fluss« bedeutet, eine »Republik der Künstler«. Sie hat eine eigene Verfassung, die jeder am Anfang der Paupio-Straße an einem Zaun lesen kann, eine eigene Hymne, einen Präsidenten, einen Bischof, zwei Kirchen und als Schutzpatrone eine Nixe und einen Engel. Mit dem Bernhardiner-Friedhof liegt auch einer der ältesten Totenäcker von Vilnius in dem Sieben-Brücken-Viertel. Hinter einem dieser Stege stand einst die Kunstakademie. Heute ist Užupis ein prestigeträchtiges Kulturviertel mit Konzert- und Theaterdarbietungen, Lesungen, Ausstellungen, Festen und Festivals wie z. B. jenem der alternativen Mode.

Das Künstlerviertel Užupis wird geprägt von engen Straßen, Cafés, Galerien und geheimnisvollen Innenhöfen.

ADRESSEN

Užupis Art Incubator Galera
Treffpunkt für Künstler und Kunstinteressierte in Užupis. Hier kann man sich einen Eindruck von der aktuellen litauischen

Kunstszene verschaffen, Werke erstehen und nach dem Besuch entspannt einen Kaffee oder ein kühles Bier trinken.
Užupio g. 2A, Vilnius 01202
www.umi.lt

Prie angelo
Nettes Lokal in kreativem Ambiente. Hier lässt es sich sowohl gut frühstücken als auch mittag- und abendessen.
Užupio g. 9, Vilnius 01202
www.umi.lt

Užupio kavinė
Hauptsitz der unabhängigen Republik, in dem es sich insbesondere im schönen Garten gut und lecker speisen lässt. Viele Einheimische.
Užupio g. 2, Vilnius 01200
uzupiokavine.ltw

AUKŠTAITIJA-NATIONALPARK

Aukštaitija, der älteste Nationalpark des Landes, geht auf ein seit dem Jahr 1960 bestehendes botanisch-zoologisches Schutzgebiet zurück und gilt – nach der Kurischen Nehrung – als die touristisch bedeutendste Naturlandschaft Litauens. 1974 wurde er zum Schutz der Artenvielfalt angelegt, schließlich sind hier rund 60 Prozent der heimischen Pflanzenarten zu finden. Die eiszeitliche Moränenlandschaft mit Hügeln, insgesamt 126 kleinen und großen Seen, bewaldeten Inseln, Flüssen und sandigen Böden hat auch zahlreiche kulturelle Highlights zu bieten. So gibt es nicht nur altehrwürdige Kiefernwälder, sonder auch Burgberge, Grabhügel und reetgedeckte Bauernhäuser zu bestaunen. Idealer Ausgangspunkt für Erkundungsfahrten in den Nationalpark ist das Dorf Salos II. Palūšė. Bester Aussichtsplatz ist der Ladakalnis-Hügel. Von hier hat man alle fünf Seen bestens im Blick.

Oben und links: Die schönsten Seiten des Nationalparks Aukštaitija lassen sich am besten mit dem Kanu entdecken.

KERNAVĖ

In der archäologischen Fundstätte Kernavė nordwestlich von Vilnius stieß man auf Zeugnisse menschlicher Besiedlung, die rund 10 000 Jahre zurückreichen. Die ältesten Fundstücke stammen aus der Steinzeit, die jüngsten aus dem Mittelalter. Die Welterbestätte umfasst insgesamt 194 Hektar und damit ein komplexes Ensemble, bestehend aus der Stadt selbst, aus Befestigungen, unbefestigten Siedlungen und Gräbern. Hier kann man die Begegnung zwischen heidnischer und christlicher Begräbnistradition besonders gut nachvollziehen. Auch die Spuren einer früheren Landnutzung im Tal des Flusses Neris sind noch erhalten geblieben, ebenso die Reste von fünf beeindruckenden Hügelfestungen, die zu einem bemerkenswert ausgedehnten Verteidigungssystem gehörten. Im Mittelalter war Kernavė eine bedeutende Stadt mit fünf mächtigen Wehrburgen und erste Hauptstadt Litauens.

Einst eine belebte Handelsstadt, gilt Kernavė heute als die wichtigste Grabungsstätte des Landes.

TRAKAI

Vor allem für ihre Wasserburg auf einer Insel zwischen dem Galve-See, dem Luka- und Totoriskes-See ist die zeitweilige (von 1316 bis 1323) Hauptstadt des Großfürstentums Litauen bis heute bekannt. Der Legende nach verlegte Großfürst Gediminas seine Metropole von Kernave hierher, nachdem er den Platz während einer Jagd entdeckt hatte. Die Burgsiedlung Alt-Trakai wurde jedoch während zahlreicher Kämpfe weitgehend zerstört. Neu-Trakai entstand etwa drei Kilometer entfernt. Trakais Burgen gelten als der architektonisch bedeutendste Verteidigungskomplex in Litauen. In dem Städtchen, dessen Hauptstraße sich über die gesamte Halbinsel zieht, sind viele Holzhäuser erhalten. Noch heute lebt ein Viertel der turksprachigen jüdischen Minderheit Litauens in Trakai. Auf das frühe 15. Jahrhundert geht die Basilika Mariä Heimsuchung zurück.

Oben und links: Man betritt die Burg von Trakai über einen langen Holzsteg. Rechts: die Burgkapelle.

KAUNAS

Litauens zweitgrößte Stadt gilt vielen als kulturelles Zentrum des Landes. Mehrere Universitäten, viele Museen, Galerien, Festivals und ein reiches architektonisches Erbe prägen ihren Charakter. Am historischen Rathausplatz stehen außer dem Alten Rathaus, das wegen seiner hohen, weißen Gestalt umgangssprachlich »Weißer Schwan« genannt wird, auch die 1410 begonnene Peter-und-Paul-Kathedrale und die barocke Jesuitenkirche. In der Valančiaus gatvé hat die Galerie der litauischen Textilkunst-Gilde ihren Sitz. Die Vereinigung ist auch Mitorganisator der internationalen Textilkunst-Biennale Kaunas. Dem großen Kaunaser Komponisten und Maler Mikalojus K. Čiurlionis ist ein eigenes Museum gewidmet. Einzigartig auf der ganzen Welt ist das Teufelsmuseum der Kulturhauptstadt Europas 2022.

Kaunas ist eine moderne Stadt, die durch ihre große Anzahl an Museen besticht. Rechts: die kopfsteingepflasterte Fußgängerzone.

MUSEEN

Teufelsmuseum

Eine einzigartige Sammlung verschiedenster Teufels-, Dämonen- und Hexenfiguren aus ganz Litauen vereinigte der Sammler

Antanas Žmuidzinavičius im Teufelsmuseum in Kaunas. Besonders makaber ist die Darstellung der beiden Teufel Hitler und Stalin, die auf einem mit menschlichen Knochen übersäten Spielplatz einen Totentanz aufführen.

V. Putvinskio g. 64, Kaunas 44211

Apothekenmuseum

Altertümliche Tinkturen, grausige Apparate und wundersame Wachsfiguren – all das findet man im Apothekenmuseum in der Altstadt.

Rotušės aikštė 22, Kaunas 44279

M.-K.-Čiurlionis-Museum

Mikalojus Konstantinas Čiurlionis ist der berühmteste Maler und Komponist Litauens. Er wurde zwar nur 36 Jahre alt, hinterließ aber rund 300 Werke.

V Putvinsko 55, Kaunas 44211

ciurlionis.lt

STANDSEILBAHN ALEKSOTAS

Die 1935 eröffnete Standseilbahn in Kaunas ist eine der ältesten Standseilbahnen Europas. In nur wenigen

Minuten gelangt man mit ihr vom Ufer des Nemunas auf den Aleksotas-Hügel, wo eine Aussichtsplattform mit fantastischer Fernsicht wartet. Der historische Aufzug wurde 1997 in die Liste der Kulturdenkmäler aufgenommen.

Öffnungszeiten: täglich, 7 bis 18 Uhr
aleksoto-funikulierius.weebly.com

KAUNAS
BURG

Bereits 1361 schriftlich erwähnt, gilt die Feste am Zusammenfluss von Memel und Neris als älteste Mauerburg Litauens. Zwei Wallreihen umgaben sie ursprünglich. Ritter des Deutschordens eroberten und zerstörten die Anlage dennoch mehrfach. Stets wurde sie von den Litauern aber wiedererrichtet. Ab 1912 sollte ein umfassender Ausbau der Festung beginnen, es wurde aber, bedingt durch den Ausbruch des Ersten Weltkriegs, nur Fort IX fertiggestellt. Hochwässer taten ein Übriges. Von dem einst prächtigen Festungsensemble kündet daher heute nur noch der restaurierte Turm. Sein Inneres birgt eine kleine Abteilung des Stadtmuseums mit dem Modell der historischen Burg sowie einer Video-Dokumentation ihrer wechselvollen Geschichte. Die Wehranlage ist in der warmen Jahreszeit häufig Kulisse für Konzerte, Theaterdarbietungen und Festivals.

Gebäude mit wechselvoller Geschichte: Im 18. Jahrhundert wurde die Burg sogar als Gefängnis genutzt.

KAUNAS
ST.-MICHAEL-KIRCHE

Vom Zarenhaus finanziert und den Heiligen Peter und Paul geweiht, diente das 1895 vollendete Bauwerk anfangs als orthodoxe Militärkathedrale – daher sein byzantinischer Stil, der jedoch von den beiden maßgeblichen russischen Architekten Lymarenko und Grimm um korinthische Säulen erweitert wurde. Die Kirche am heutigen Unabhängigkeitsplatz, am Ende der fast zwei Kilometer langen Fußgängerzone Laisvės alėja, ist Teil der unter Alexander II. errichteten Festungsanlage von Kaunas. Sie bietet Platz für bis zu 2000 Gläubige. Ihre 50 Meter hohe Kuppel ist mit gut 16 Meter Durchmesser die größte Litauens. Außergewöhnlich ist auch der gläserne Altar. Die Apsis ziert ein Gemälde des Erzengels Michael. Ansonsten ist das Innere der Kirche eher schlicht, aber sehr hell. In den Katakomben des Gotteshauses wurde 2005 der erste Blindenparcours im Baltikum angelegt.

Der Petersburger Architekt Leontij Benois, Großvater des Schauspielers Peter Ustinov, errichtete die Kirche.

KAUNAS
PETER-&-PAUL-KATHEDRALE

Die Peter-und-Paul-Kathedrale ist Litauens größter gotischer Sakralbau. Sie stammt aus dem Jahr 1408 und konnte sich trotz diverser Umbauten ihren gotischen Charakter bewahren. Mag die dreischiffige Basilika aus Backstein mit ihrem 41 Meter hohen Glockenturm von außen auch recht schlicht erscheinen, im Inneren überrascht die Kirche mit ihrem prächtigen Interieur. Es spiegelt den Wohlstand der Handelsstadt während der Barockzeit. Besonders facettenreich erweist sich der Hauptaltar aus dem Jahr 1775 mit seinen Kreuzigungsszenen und den diversen monumentalen Skulpturen, die den Altar umgeben. Dem ältesten Gemälde in der Kathedrale, einer Pietà aus dem 17. Jahrhundert, werden Wunderkräfte nachgesagt. Ein Grabstein in der Südfassade erinnert an den Priester und Nationaldichter Maironis, der litauische Legenden und Landschaften in seinen Werken zum Thema machte.

Oben: Von außen wirkt der Backsteinbau schlicht. Rechts: Die Säulen und Gewölbe der Kirche sind pastellfarben marmoriert.

KLOSTER PAŽAISLIS

Im Auftrag des damaligen Kanzlers des Großfürstentums Litauen, Kristupas Zygmantas Pacas, von italienischen Baumeistern für den Orden der Kamaldulenser-Mönche erbaut, zählt das 1676 fertiggestellte Kloster zu den schönsten Barockensembles des Landes. Die prachtvolle Anlage mit sechseckiger Kuppelkirche und streng symmetrischem Zentralbau erstreckt sich am nordwestlichen Ufer der zum Kaunasser Meer aufgestauten Memel in herrlich grüner Landschaft. Das lichte Kircheninnere prägen roter und schwarzer Marmor sowie die von Stuckarbeiten gerahmten Fresken des Florentiner Künstlers Michelangelo Palloni. Papst Alexander VII. schenkte Klostergründer Pac 1661 ein als wundertätig angesehenes Bild der Heiligen Jungfrau Maria mit Kind, das zu den Schätzen des Kloster gehört.

Die Lage des Klosters (oben) ist einmalig. Links: prächtige Fresken.

ST.-JOHANNIS-KAPELLE

Seit gut einem Jahrzehnt steigen jeden Mai an der alten Kirche des heiligen Johannes bei Zypyškis Hunderte bunter Papier-Drachen in den Himmel. Doch die Geschichte des Gotteshauses reicht zurück bis ins frühe 16. Jahrhundert. Errichtet wurde das christliche Bauwerk an der Stelle eines der größten heidnischen Tempel alter baltischer Stämme. Das Areal gehörte damals der einflussreichen Familie Sapieha, die während der Königlichen Republik der polnischen Krone und des Großfürstentums Litauen unter anderem Mundschenke, Heerführer und Schatzmeister stellte. Die im Jahr 1578 vollendete Kirche im Stil der sogenannten weißrussischen Gotik (mit byzantinischen Einflüssen und am Übergang zur Renaissance) steht inmitten weiter Uferwiesen am Memel-Ufer.

Ein Kleinod litauischer Gotik – die Kirche St. Johannis.

DZŪKIJA-NATIONALPARK

Der Nationalpark Dzūkija, der flächenmäßig größte Nationalpark Litauens, liegt tief im Süden an der Grenze zu Weißrussland. Etwa 90 Prozent der Fläche sind bewaldet, überwiegend mit Nadelhölzern. Das Sumpfgebiet Cepkeliai ist das größte zusammenhängende Moor Litauens und auch das restliche Terrain ist von Flüssen, Bächen und Seen geprägt. Auch der riesige alte Kiefernwald in der sandigen Dainava-Ebene sowie die breiten Flussschleifen im Nemunas-Tal sind eindrucksvoll. In der naturbelassenen Umgebung kann man Adler, Elche und Wölfe antreffen. Mit einem Führer lässt sich das Reservat erkunden und die geheimnisvolle Moorlandschaft erleben. Der Nationalpark wurde zur Unabhängigkeit Litauens im Jahr 1991 eingeweiht.

Die Landschaft des Dzūkija-Nationalparks setzt sich aus tiefen Wäldern und mystischen Gewässern zusammen.

KANUFAHREN

Kanufahren ist in Litauen eine Art Volkssport – sowohl auf den mehr als 2500 Seen als auch auf den fast 30 000 fließenden Gewässern des Landes. Zu den längsten

Flüssen zählt der Nemunas (Memel). Vom weißrussischen Höhenrücken in der Nähe von Minsk schlängelt er sich über Druskininkai und Kaunas meerwärts zum Kurischen Haff. Etwa ab Jurbakas wird der Nemunas dabei zum Grenzfluss zwischen Litauen und Russland. Und von Jurbakas aus lässt es sich auch wunderbar bis zum Mündungsdelta paddeln. Die urwüchsige Natur des Nationalparks Rambyno säumt dabei ebenso die Ufer der gut hundert Kilometer langen Strecke wie eine Handvoll Dörfer und Städtchen mit langer Geschichte und Kultur.

DRUSKININKAI

Mineralwasser und der Heilschlamm sind seit dem 19. Jahrhundert das Aushängeschild für die heute größte Kurstadt Litauens. Sie liegt ganz im Süden des Landes, dort wo einst ein Übergangsstreifen das Meer vom Festland trennte und sich das Ostseesalz ablagerte. Umgeben ist die heute rund 25 000 Einwohner zählende Gemeinde von einem Dutzend kleinerer und größerer Seen sowie von Binnen-Dünen, auf denen Kiefern wachsen. Die denkmalgeschützte Altstadt mit ihren hölzernen Jugendstilvillen und der orthodoxen Kirche schmiegt sich an das rechte Ufer eines Memel-Bogens. Im östlichen Teil des Kurorts liegt »Saulės takas«, ein Teich mit Kaskadenschwimmbad. Auf dem höchsten Punkt der »Stadt im Wald« wurde der Fitnesspark Dineikos angelegt. Wald und Heide der Umgebung sind reich an Flora und Fauna – von Arzneipflanzen über Pilze, Beeren und Wacholder bis hin zu Eidechsen, Doppelschnepfen und Rehen.

Druskininkai am Nemunas ist Litauens berühmtester Kurort.

GRUTAS-PARK

Mehr als zwei Jahrzehnte nach dem Zusammenbruch der UdSSR ist vor den Toren von Druskininkai die alte Sowjetzeit noch lebendig. Gut achtzig demontierte

Denkmäler von kommunistischen Denkern und Herrschern hat der litauische »Pilzkönig« Viliumas Malinauskas nach der Unabhängigkeit seines Landes zusammengetragen, ebenso wie sowjetische Symbole, Bilder und Bücher. Die Palette reicht von Monumental-Statuen und Büsten aus Bronze oder Stein über eine Breschnew-Fotografie mit Spruchweisheit, einen handgeknüpften Teppich mit dem Bildnis Lenins bis hin zu einer alten russischen Kinobestuhlung im Besucherzentrum.

Grūtas, 66441 Druskininkai
grutoparkas.lt

ŽUVINTAS-BIOSPHÄREN-RESERVAT

Das erste Schutzgebiet Litauens – Žuvintas – wurde 1937 eingerichtet und 2011 als Biosphärenreservat von der UNESCO anerkannt. Es befindet sich am mittleren Flusslauf des Nemunas (Memel) und dem oberen Flusslauf der Neris. Auf dem Terrain des Biosphärenreservats liegen die Seen Žuvintas und Amalva und deren Feuchtland, außerdem der See Žalytis mit den angrenzenden Sümpfen sowie die Wälder von Bukta. Obwohl das Schutzgebiet mehr als 1000 Pflanzenarten beheimatet, ist es vor allem für seine Vogelvielfalt bekannt. Von den 300 in Litauen registrierten Arten findet man über 250 in diesem Schutzgebiet und etwa 130 brüten in der Umgebung. Zwei Lehrpfade sollen zum Schutz des Reservats beitragen: ein Naturlehrpfad durch den Forst von Bukta sowie ein Seelehrpfad zur Vogelbeobachtung.

Um die reiche Flora und Fauna im Biosphärenreservat zu schützen, darf man das Gebiet nur mit Genehmigung und in Begleitung eines Führers betreten. Bei Streifzügen kann man zahlreiche Tiere entdecken.

NEMUNAS-DELTA

Im Westen Litauens, an der Ostseite des Kurischen Haffs, breitet sich das Delta des Nemunas (Memel) aus. Das Gebiet ist geprägt von kleinen Inselchen, Bächen, Lagunen, Schilf und Gräsern, der Horizont erscheint nahezu endlos. Die Landschaft ist flach, wirkt still und ursprünglich, die Natur fast unberührt. Die verschiedensten Vögel finden hier optimale Bedingungen vor, daher bleiben viele zum Nisten, und die vorbeiziehenden Zugvögel machen hier gern Rast. Im Frühling kann man mit dem Boot über riesige überschwemmte und von seltenen Wasservögeln geradezu übersäte Wiesen fahren. 1992 wurde der Nemunas-Delta-Regionalpark eingerichtet, um seine unvergleichliche Landschaft zu schützen. Übrigens fühlen sich durch die zahlreichen Gewässer natürlich auch die Mücken wohl; Reisende sollten daher vor einem Ausflug den Insektenschutz nicht vergessen.

Die einzigartige Landschaft im Nemunas-Delta wurde vom Wasser gestaltet: Neben Flüssen und Bächen, Seen und Feuchtgebieten trifft man hier auf nahezu unberührte Natur und Orte, wo die Zeit stillzustehen scheint.

KURISCHE NEHRUNG

»Rau und öde« – so bezeichnete der Schriftsteller E.T.A. Hoffmann einst die Kurische Nehrung. Vielleicht mag sie es im November tatsächlich sein. Doch wenn die Sommersonne ihr helles Licht auf die Dünenberge wirft und das Auge weit auf das Baltische Meer blickt, offenbart sich der ganze Zauber dieser besonderen Landschaft. Thomas Mann war ihr so verfallen, dass er sein Sommerhaus dort errichtete. Besonders ursprünglich ist die Kurische Nehrung im litauischen Teil geblieben. Hirsche und Wildschweine leben hier, Kiefernwälder verströmen ihren typischen Duft über der nur zwei Kilometer breiten, aber 98 Kilometer langen Halbinsel. Gelegentlich kann man auch Elche beobachten. Nicht umsonst wird der Landstreifen auch »litauische Sahara« genannt, die Wanderdünen mit ihren bis zu fast 70 Metern gehören zu den größten Nordeuropas.

Thomas Mann schrieb über das ausgedehnte Dünengebiet: »… man glaubt, in der Sahara zu sein.«

NATURRESERVAT NAGLIAI

Die Dünenlandschaft des Naturschutzgebietes Nagliai liegt im Nationalpark Kurische Nehrung zwischen Juodkrante und Pervalka und erstreckt sich über neun Kilometer. Die »Tote« oder auch »Graue Düne« ist eine Ansammlung sandverwehter Hügel mit Gruben und Höhlen, die mit Kräutern bewachsen sind und Fragmente alten Waldbodens enthalten. Zwischen den Jahren 1675 und 1854 wurden hier vier Dörfer begraben und befinden sich noch immer tief unter dem Sand. Die fragile Landschaft bedarf einer konstanten Pflege und Aufmerksamkeit, um das empfindliche Gleichgewicht des Ökosystems zu erhalten. Bis auf einen 1000 Meter langen Naturpfad darf das gesamte Dünengebiet deshalb nicht betreten werden und jeglicher menschliche Eingriff ist strengstens untersagt. Allein für Forschungszwecke wurden Beobachtungspunkte errichtet.

Das Naturreservat Nagliai erstreckt sich über neun Kilometer und beherbergt eine Kette »Toter Dünen«.

RADTOUR AUF DER NEHRUNG

Gut fünfzig Kilometer beträgt die Distanz zwischen der Hafenstadt Klaipėda und Nidden im Herzen der

Kurischen Nehrung. Naturnah geführt und meist asphaltiert, verläuft auf der Landzunge, die schon Humboldt und Sartre begeisterte, als Teil des Europaradwegs R1 die EuroVelo-Route 10. In beiden Richtungen ist sie bestens ausgeschildert – und bis auf Klaipėda, wo man problemlos mit der Fähre übersetzt, steht sie für eine geruhsame Fahrt durch herrliche Landschaften, ohne jeglichen Autoverkehr. Kleinere Abschnitte der Route, an der auch das Meeresmuseum und Delfinarium von Smyltene liegt, führen noch über den oft menschenleeren, in der Regel festen Ostseestrand hinter der Dünenkette. Und wer noch nicht genug hat von seinen Sattelkilometern auf der Nehrung, folgt dem R1 über das Seebad Palanga nach Norden und erkundet noch die Küste Lettlands.

KURISCHE DÖRFER

Goldgelb, tiefrot oder strahlend kurisch-blau – die bunten Fischerhäuser aus Holz sind typisch für die Kurische Nehrung. Geschnitzte Pferdeköpfe wachen an den Giebeln, während sich Hähne, Schiffe, Kühe und Kinder als Wetterfahnen im Wind drehen. Mit den ersten Sonnenstrahlen verwandeln sich die kleinen Gärten in blühende Paradiese. Rote Rosen, blauer Rittersporn und gelbe Ranunkeln vereinen sich zu duftenden Kunstwerken. Längst sind die Fischer weggezogen und Cafés, Boutiquen und Galerien haben die Häuser übernommen. Vielleicht haben die Fischer ihre Hütten so farbenfroh und lebensbejahend gestaltet, um einen Kontrast zu ihrem harten Leben auf See zu setzen. Der Blick von den bunten Häuschen über das spiegelglatte Haff, die schaumbekränzte Ostsee und das schier endlose Sandmeer geht ins Herz. Kein Wunder, dass viele Künstler noch heute hierherkommen.

Fast schon skandinavisch angehaucht – die bunten Holzhäuschen der kurischen Dörfer werden heute vielfältig genutzt.

Happeak

KLAIPĖDA

An der Nordspitze der Kurischen Nehrung, dort, wo sich das Wasser des Kurischen Haffs mit dem der Ostsee verbindet, liegt Klaipėda. Die Stadt ist der wichtigste Hafen von Litauen und verbindet das Land mit dem Rest der Welt. Im 13. Jahrhundert hatten Kaufmänner aus Dortmund die Stadt Memel gegründet, die mit Unterbrechungen bis zum Ende des Zweiten Weltkriegs zum Deutschen Reich gehörte. Mit der Eingliederung in die Sowjetunion wurde aus Memel Klaipėda. Die Stadt ist maritim geprägt: Die Hafenanlagen ziehen sich kilometerweit am Ufer entlang. Anfang des 17. Jahrhunderts wurde in Memel auch Simon Dach geboren. Ihm wird von vielen die textliche Urheberschaft an dem berühmten Lied »Ännchen von Tharau« zugeschrieben. Der nach dem Barockdichter benannte Brunnen mit der Figur der Anna steht auf dem Theaterplatz, im Herzen der charmanten Altstadt.

Bis 1920 war das ehemalige Memel die nördlichste Stadt Deutschlands und ein Außenposten deutscher Kultur.

NIDA

Farbige Holzhäuser mit Reetdach und üppigen Blumengärten, zwei Museen, eine Sonnenuhr und eine hübsche Promenade mit Restaurants und Cafés, – der historische Hauptort der Kurischen Nehrung, geografisch in ihrem Herzen gelegen, aber heute nur knapp fünf Kilometer von der litauisch-russischen Grenze entfernt, hat sich herausgeputzt fürs 21. Jahrhundert. Räucherfisch und Bernsteinschmuck locken auf dem Terrain der ehemaligen Künstlerkolonie Nidden ebenso wie ein schöner Strand und Europas zweitgrößte Düne. Von einer Aussichtsplattform lässt sich das grandiose Ensemble aus Natur und Architektur bestens bewundern. Das Neringa-Museum widmet sich den historischen Gewerben auf der Nehrung – vom Fischfang mit flachen Segelbooten bis hin zur Poststraße.

Die rot-blauen ehemaligen Fischerhäuschen sind typisch für das Dörfchen Nida.

KÜNSTLERKOLONIE NIDDEN

Lovis Corinth war einer der Ersten; er kam schon um 1890. Max Pechstein schwärmte bald darauf von der »wundervolle(n)

Landschaft mit ihrem harten Menschenschlag«. Seine Begeisterung über die gewaltigen Wanderdünen, den »berauschenden ewigen Rhythmus des Meeres« lockte schließlich auch Malerkollegen wie Karl Schmidt-Rottluff an. Auch Gäste, die nur baden wollten, nahm man in Nidden gerne auf; der »Gasthof Blode« war in jenen Jahren Treffpunkt für Künstler, Sommerfrischler und Reisende. 1929 kam dann auch der Schriftsteller Thomas Mann erstmals auf die Kurische Nehrung und ließ sich in dieser »Sahara des Nordens« ein Sommerhaus bauen. Drei Sommer verbrachte er dort. Das braune Holzhäuschen mit den blau-weißen Fensterläden beherbergt heute ein Thomas- Mann-Museum.

BALTISCHE SPEZIALITÄTEN

Einfach und deftig ist die Kost des Baltikums, mit Einflüssen der skandinavischen, russischen und polnischen Küche. Natürlich gehört Fisch unbedingt auf den Speisezettel. Beliebt sind auch Kartoffeln in allen Varianten – sogar als Kloß wie die litauische Spezialität »Cepelinai«. Ähnlich wie die weit verbreiteten »Piroggen« bzw. »Pelmeni« oder die lettische Leib- und Magenspeise »Ligsdinas«, eine Art von Überraschungs-Frikadellen. Sie sind gefüllt mit Käse, Quark, hart gekochten Eiern oder Pilzen. Auch Wild, Kohl, Beeren und Pfannkuchen (teils aus Buchweizen) kommen häufig auf den baltischen Tisch. Schmand ist überall eine wichtige Zutat, etwa für die in Lettland vor allem im Sommer servierte kalte Rote-Beete-Suppe namens »Chalodni Borschtsch«. Nationalgericht Estlands ist »Verivorst«: geschmorte Blutwurst mit gekochten Kartoffeln und Preiselbeermarmelade.

Bildleiste von oben: Gefüllte Kartoffelklöße, Borschtsch, Kartoffelpuffer. Oben: Šakotis-Kuchen. Rechts: Klöße mit Speck.

Kibinai
»Kibinai« sind mit Lamm- oder Rindfleisch gefüllte Hefeteigtaschen. Sie werden gewöhnlich zusammen mit einer Bouillon, mit Tee oder »Brotkwas« (russischem

Dünnbier) gegessen. Das knusprige Gebäck ist sehr schmackhaft, aber auch sättigend.

Seljanka
Der bunte Eintopf aus Kraut, saurer Sahne und Rassolnik (Salzgurken, Gurkenlake) lässt den russischen Einfluss auf die baltische Küche erkennen.

Kilud
Die gewürzten Strömlinge kommen sowohl frisch als auch als Konserve auf den Tisch.

Kaffee & Gin
Die Balten sind Kaffeetrinker. Das duftende Getränk wird den ganzen Tag über in großen Mengen konsumiert. Aber auch auf einen guten Tee schwört man. Eine Mahlzeit beschließt man gerne mit einem Gläschen Gin von der Insel Saaremaa oder einem Klarnett, einem nach streng gehüteten Rezepten hergestellten Kräuterschnaps. Auch der Riga-Balsam, ein Kräuterlikör, ist beliebt.

PALANGA

Dank seiner weißen Sandstrände, gesäumt von Dünen und Kiefernwäldchen, erfreute sich Palanga schon Ende des 19. Jahrhunderts großer Beliebtheit – zumal es unter der Herrschaft der Grafen Tiskevicius offiziell zum Kurort avancierte. Infolgedessen eröffneten erste Heilanstalten und Sanatorien und der Hafen wurde ausgebaut. Zudem ließen sich Graf Feliksas und seine Gattin Antanina im Birutė-Wald von dem deutschen Architekten Franz Heinrich Schwechten eine repräsentative Residenz erbauen und vom französischen Gartenarchitekten Édouard F. André einen mehr als dreißig Hektar großen Landschaftspark anlegen. Das gräfliche Schloss birgt heute das weltgrößte Bernsteinmuseum sowie eine Zweigstelle des Kunstmuseums Litauen. Jedes Jahr Mitte Mai feiert Palanga sein dreitägiges Kurortfest mit Musik, Straßenkunst und Feuerwerk.

Eine weitere Sehenswürdigkeiten des 18 000-Seelen-Städtchens ist die lange Strandpromenade mit Seebrücke.

ŽEMAITIJA-NATIONALPARK

Das seenreiche Hügelland des Žemaitija-Nationalparks ist vor etwa 15 000 Jahren durch die Gletscher und Endmoränen der letzten Eiszeit entstanden und ist geprägt von Kleingewässern, Mooren und Auen. Die Region ist bekannt für ihre Sagen, Märchen und Volkslieder, was kein Wunder ist, war es doch der letzte Winkel Europas, der christianisiert wurde. Sogar im 19. Jahrhundert verehrte man hier noch Gottheiten und heidnische Heldenfiguren. Die Vermischung von christlichen mit archaischen Werten ist noch heute auf zahlreichen Kreuzen der umliegenden Dorffriedhöfe sichtbar. Ein Highlight des Nationalparks ist der Plateliai-See. Es ist der größte See der Region und stellt ein beliebtes Ziel für Schwimmer, Segler und Taucher dar. Weitere Attraktionen sind diverse Museen und Kulturdenkmäler sowie die sommerlichen »Rock-Festival-Nächte«.

Der Plateliai-See im Žemaitija-Nationalpark gilt als der klarste See Litauens. Er ist daher sehr beliebt bei Tauchern.

KLOSTER TYTUVĖNAI

Klein, elegant und mit Platz für ein Familienmausoleum: So sollte das Kloster in Tytuvėnai aussehen, mit dessen Bau der russischstämmige Adelige Andrius Valavičius Anfang des 17. Jahrhunderts den Architekten Tomas Kasperas aus Vilnius betraute. Inzwischen zählt das Franziskanerkloster jedoch zu den imposantesten Klosterbauten des Landes. Denn die dreischiffige Renaissancebasilika der Heiligen Jungfrau Maria wurde im 18. Jahrhundert gleich zweimal um- und ausgebaut: Zwei Fassadentürme kamen hinzu und ein großer Kreuzgang mit Kapelle. Für den 1641 verstorbenen Stifter Valavičius schuf der Danziger Bildhauer Willem van den Block in der Basilika ein eindrucksvolles Renaissancegrabmal. Ansonsten dominieren Barockelemente. Fenster und Gewölbe gemahnen an die Architektur der Gotik. Das Ensemble liegt malerisch inmitten von Wäldern und Seen.

Jeden Sommer richtet die Philharmonie von Šiauliai im Kloster Tytuvėnai (oben) ein Musikfestival aus.

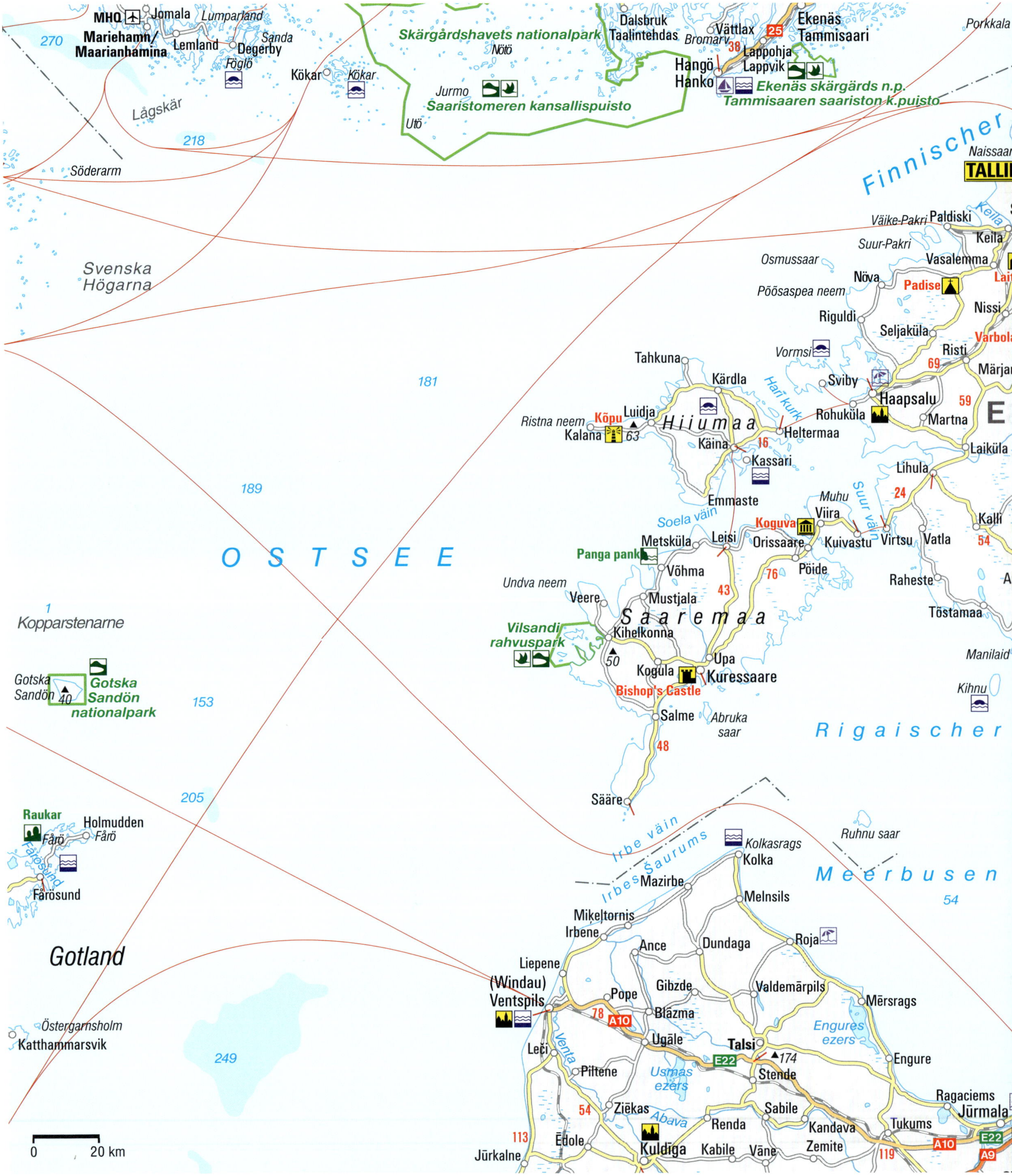

MHQ
Jomala
Lumparland
Mariehamn/
Maarianhamina
Lemland
Sanda
Degerby
Föglö
Kökar
Kökar
Skärgårdshavets nationalpark
Nötö
Jurmo
Saaristomeren kansallispuisto
Utö
Dalsbruk
Taalintehdas
Bromarv
Vättlax
Ekenäs
Tammisaari
25
38
Lappohja
Lappvik
Hangö
Hanko
Ekenäs skärgårds n.p.
Tammisaaren saariston k.puisto
Porkkala
270
Lågskär
218
Söderarm
Finnischer
Naissaar
TALLIN
Väike-Pakri
Paldiski
Keila
Suur-Pakri
Keila
Osmussaar
Vasalemma
Nõva
Padise
Laits
Põõsaspea neem
Riguldi
Nissi
Seljaküla
Varbola
Svenska
Högarna
Vormsi
Risti
69
Tahkuna
Märjam
Kärdla
Harí kurk
Sviby
Haapsalu
59
181
Ristna neem
Kõpu
Luidja
Hiiumaa
Rohuküla
Martna
Kalana
63
Heltermaa
Käina
16
Laiküla
Kassari
Lihula
189
Emmaste
Muhu
Suur väin
24
Soela väin
Viira
Koguva
Kalli
Metsküla
Leisi
Orissaare
Kuivastu
Virtsu
Vatla
54
Panga pank
OSTSEE
Võhma
Pöide
76
Raheste
Au
Undva neem
43
Veere
Mustjala
Tõstamaa
1
Kopparstenarne
Saaremaa
Vilsandi
rahvuspark
Kihelkonna
50
Manilaid
Upa
Kogula
Kuressaare
Gotska
Sandön
40
Gotska
Sandön
nationalpark
Bishop's Castle
Kihnu
153
Salme
Abruka
saar
Rigaischer
48
205
Sääre
Raukar
Holmudden
Fårö
Fårö
Fårösund
Fårösund
Irbe väin
Ruhnu saar
Kolkasrags
Kolka
Irbes Šaurums
Mazirbe
Meerbusen
Melnsils
54
Gotland
Mikeltornis
Irbene
Ance
Dundaga
Roja
Liepene
(Windau)
Ventspils
Pope
Gibzde
Valdemārpils
Mērsrags
78
A10
Blāzma
Östergarnsholm
Katthammarsvik
Engures
ezers
Leči
Venta
Ugāle
Talsi
174
E22
Engure
249
Piltene
Usmas
ezers
Stende
Ragaciems
Jūrmala
Ziēkas
Abava
Sabile
54
Renda
Kandava
Tukums
113
Ēdole
Kuldīga
Kabile
Vāne
Zemite
A10
E22
Jūrkalne
119
A9
0
20 km

Meerbusen
Lahema rahvuspark
RUSSLAND
Peipussee
Pleskauer See
Wirzsee
E S T L A N D
L E T T L A N D
Narva laht
Narvskij zaliv
Narvskoje vodohranilišče
Pandivere kõrgustik
Sakala kõrgustik
Otepää kõrgustik
Haanja kõrgustik
Vidzeme
Latgale
Livland
Soomaa rahvuspark
Karula rahvuspark
Gaujas nacionalais parks
Burtnieku ezers
Lubans ezers
Struve Geodetic Arc
Narva
Ivangorod
Sillamäe
Kohtla-Järve
Jõhvi
Kiviõli
Rakvere
Tapa
Paide
Türi
Põltsamaa
Jõgeva
Mustvee
Kallaste
Alatskivi
Tartu (Dorpat)
Elva
Otepää
Põlva
Võru
Räpina
Viljandi
Valka
Valga
Valmiera
Smiltene
Cēsis
Sigulda
Turaida
Rīga
Salaspils
Ogre
Madona
Gulbene
Alūksne
Balvi
Kārsava
Ludza
Pečory
Izborsk
Pskov (Pleskau)
Ostrov
Opočka
Gdov
Slancy
Kingisepp
Volosovo
Luga
Kikerino
Siverskij
Strugi-Krasnye
Pytalovo (Abrene)
Vyšgorodok (Višgorodok)
Novgorodka
Puškinskie Gory
Krasnogorodskoe
Pürnu
Kuusalu
Jägala
Tuhala
Kose
Vändra
Kilingi-Nõmme
Mõisaküla
Häädemeeste
Salacgrīva
Limbaži
Saulkrasti
Rūjiena
Mazsalaca
Strenči
Jaunpiebalga
Vecpiebalga
Lubāna
Varakļāni
Rēzekne
Viļaka
Lieppna
Rugāji
Baltinava
Tilža
Bērzpils
Barkava

0
20 km
OSTSEE
102
111
Ziēkas
Abava
Renda
Sabile
Kandava
Tukums
Ragaciems
Jūrmala
Edole
Kuldīga
Kabile
Vāne
Zemīte
Jūrkalne
Pāvilosta
Basi
Akmenrags
Saka
Apriķi
Aizpute
Skrunda
Gaiķi
Brocēni
Saldus
Jaunpils
Apšupe
Kalnciems
Dobele
Medze
Durbe
Mazilmāja
Lielauce
Kroņauce
Liepāja
(Libau)
Grobiņa
Embūte
Sātiņi
Auce
Žagarė
Priekule
Vaiņode
Ezere
Mažeikiai
Naujoji Akmenė
Joniškis
Bernāti
Barta
Kesteri
Ylakiai
Tirkšliai
Skuodas
Viekšniai
Venta
Seda
Papilė
Grūzdžiai
Pape
Rucava
Žemaičių Kalvarija
Žemaitijos nac.parkas
Tryškiai
Kryžių k.
Kužiai
Salantai
Kuršėnai
Šiauliai
(Schaulen)
Darbėnai
Telšiai
Bubiai
PLQ
Palanga
(Polangen)
Tiškevičių rūmai
Plungė
Žemaitija
Radviliškis
Kretinga
Užventis
Šiaulėnai
Minija
Kuliai
Gindulių
Rietavas
Varniai
Kelmė
Klaipėda
(Memel)
Gargždai
Laukuva
Kražiai
Tytuvėnai
LIT
Priekulė
Kvėdarna
Šienlaukis
Kuršių nac.parkas
Švėkšna
Šilalė
Kirkliai
Juodkrantė
Žemaičių Naumiestis
Skaudvilė
Raseiniai
Kurische Nehrung
Vente
Jūra
Eržvilkas
Šilutė
Rusnė
Degučiai
Tauragė
Šimkaičiai
Neringa-Nida
(Nidden)
Thomas Mann-Haus
Šešuvis
Jasnoe
Morskoj
Mysovka
Pagėgiai
Smalininkai
Jurbarkas
Seredžius
Rybačij
Sovetsk
Panemunė
Gelgaudiškis
Kurisches Haff
Slavsk
(Tilsit)
Nemunas
(Memel)
Slavikai
Šakiai
Neman
Krasnoznamensk
Zelenogradsk
Lesnoj
Zlaja
Instruč
Pobedino
Gryškabūdis
Svetlogorsk
Krasnoe
Bol'šakovo
Žilino
Kudirkos Naumiestis
Nova
Krasnotorovka
Pionerskij
Uljanovo
Jantarnyj
Polessk
Deima most
Dobrovol'sk
Pilviškiai
Gur'evsk
Novaja Derevnja
Katedralnij sobor
Veseloe
Kybartai
Vilkaviškis
Primorsk
Lesnoe
Kaliningrad
(Königsberg)
Michailovskij sobor
Nesterov
Nadmorski P.K.
Mierzeja Helska
Baltijsk
Svetlyj
Gvardejsk
Pregolja
Černjahovsk
Virbalis
Zatoka
Komsomol'sk
Znamensk
Gusev
Pissa
Marijampolė
Hel
Nevskoe
Gdańska
Baltijskaja kosa
Nivenskoe
Laduškin
Južnyj
Zap.
RUSSLAND
Kalvarija
Mierzeja Wiślana
Mamonovo
Pravdinsk
Perevalovo
Vištytis
Gražiškiai
Ozersk
Krasnosel'e
Wiżajny
Dolgorukovo
Domnovo
Železnodorožnyj
Krylovo
Błąkały
Rutka-Tartak
P.K. Piaski
Szypliszki
Żuraw
Gdańsk
Mierzeja Wiślana
Zalew Wiślany
Braniewo
Bagrationovsk
(Eylau)
Górowo Iławeckie
Szczurkowo
Skandawa
Gołdap
Zamek
Grabowo
Olszanka
Krynica Morska
Katedra
Frombork
Zięby
Sępopol
Węgorzewo
Kowale Oleckie
Lipniak
Stegna
Pieniężno
Bartoszyce
Wikrowo
Srokowo
Pozezdrze
Suwałki
Klasztor Dominikanów
Nowy Dwór Gdański
Pruszcz Gdański
Elbląg
Młynary
Wilczęta
Lidzbark Warmiński
Zamek Biskupów
Korsze
Kętrzyn
Gierłoż
Jez. Mamry
Czerwony Dwór
Olecko
Wigierski P.N.

Ulbroka
Suntaži
Keipene
Ērgli
Gaizinkalns
311
Madona
Lubāns ezers
Salaspils
Tīnūži
Madliena
Struve Geodetic Arc
Barkava
Baloži
Ikšķile
Ogre
Bebri
Jaunkalsnava
Aiviekste
Ļaudona
Varakļāni
Lielvārde
Rēzekne
Ludza
Mozuli
Mjakiševo
Skrīveri
Koknese
Pļaviņas
Viļāni
Zilupe
Dubrovka
Mogili
Rečki
Baldone
Linde
Aizkraukle
Krustpils
Jēkabpils
Troškas
Brodaiži
Pasiene
Mal'kovo
Idrica
Vecumnieki
Daudzeva
Steķi
Līvāni
Preiļi
Rāznas ezers
Mālta
Sebež
Sebežsky N.P.
Rukovo
Bārbele
Krasti
Biržī
Daugava
Dubna
290
Ezernieki
Doloscy
Bauska
Bauskas pils
Viesīte
Zasa
Sloboda
Dagda
Juchavičy
Isrundāle
Skaistkalne
Nemunēlis
Sušeja
Nereta
Aknīste
Nīcgale
Aglona
Bazilika
Asūne
voz. Asejskae
Asveja
Stralki
Rasony
Biržu pilis
Biržai
Bebrene
Špogi
Kachanavičy
Kljascicy
Vaškai
Papilys
Onuškis
Subate
Ilūkste
Krāslava
Verchnjadzvinsk
Pandėlys
Rokiškis
Daugavpils
Druja
Dvina
Borkavičy
Linkuva
Musa
Pasvalys
Obeliai
Kalkūne
Adamova
Joniškėlis
Vabalninkas
Stelmužė
Silene
voz. Snudy
210
Navapolack
Pakruojis
Pumpėnai
Kupiškis
Zarasai
Braslav
Dzisna
Levuo
Dusetos
Drūkšių ežeras
Mėry
Paliūniškis
Skverbai
Degučiai
Salakas
Visaginas
Braslav Lakes N.P.
Nov.Pahost
Jazna
Vetryna
Panevėžys (Ponewiesch)
Svėdasai
Daugailiai
Aukštaitijos nacionalinis parkas
Dūkštas
Opsa
Hermanavičy
Lužki
Prazaroki
Zaskarki
Nevėžis
Troškūnai
Anykščiai
Utena
Šarkavščyna
Kačergiškė
Vidzy
Kaz'jany
Bel'ki
Plisa
Ušačy
Krekenava
Ramygala
Kavarskas
Alanta
Ignalina
Nevaišiu
289
Dzisna
Hlybokae
Padsville
Surviliškis
Vidiškiai
Kaltanėnai
Adutiškis
Varapaeva
Pyšna
Šėta
Ukmergė
Švenčionėliai
Švenčionys
Pastavy
Berazino
Kėdainiai
Želva
Molėtai
Zeimena
Lyntupy
Vaukalata
Porpliščа
Dokšycy
Domžarycy
Pagelažiai
Šventoji
Pabradė
Narač
Mjadzel
Vandžiogala
Jonava
Širvintos
Visalaukė
voz. Narač
Narochanski N.P.
Bjahoml'
Berezinsky Biosphere Nature Reserve
Bučionys
Kernavės
Neris
Vilija
Svir
Zanarač
Kryvičy
Izbišča
Domeikava
Maišiagala
Europos parkas
Nemenčinė
Bjarezina
Kaunas
Rumšiškės
Kaišiadorys
(WILNA) VILNIUS
Varnjany
Višneva
Davhinava
Msciž
Žardzjažža
Rumšiškės
Elektrėnai
Valejkiški
WEISS-
Kascjanevičy
Garliava
Ziežmariai
Trakai
Šumskas
Astravec
Narač
Vilejka
Zembin
Traku istorinis nac. parkas
Darzininkai
Pleščanicy
257
Lentvaris
VNO
Soly
Smarhon'
Il'ja
Chatyn'
Prienai
Stakliškės
Aukštadvaris
Medininkai
307
Hanevičy
Birštonas
Jieznas
Rūdiškės
Ašmjany
Maladzečna
Lahojsk
Jašiūnai
320
Krasnae
Mhlė
Alytus
Daugai
Pirčiupiai
Krėva
Palačany
Juzufova
Smaljavičy
Šalčininkai
Kljavica
Hal'šany
Radaškovičy
Akolica
Simnas
Babriškės
Varėna I
Dieveniškės
Bjarezina
Papernja
Slabada
Pekalin
Valožyn
Zaslavje
Cna
Nemunas (Memel)
Perloja
Voranava
Heraneny
Struve Geodetic Arc
Kuncaužčyna
Uschodni
Seirijai
Merkinė
Varena
Eišiškės
Bastuny
Rakav
MSQ
Dzūkijos nacionalinis parkas
Hauja
Isłač
MINSK
Zapolle
Radun'
Lipniški
Juraciški
Ivjanec
Šččomyslica
Senica
Leipalingis
Marcinkonys
Lida
Perša-majski
RUSSLAND
Fanipal'
Michanavičy
Veisiejai
Ivje
Druskininkai
Matyli
Moryna
Bjarezina
Ljubča
Dzeravnaja
Dzjaržynsk
Samachvalavičy
Rudzensk
Parečča
Pcič